内田クレペリン検査

完全理解マニュアル

新版

つちや書店

［内田クレペリン検査］とは

［内田クレペリン検査］は学力検査ではない
　［内田クレペリン検査］は、簡単な足し算を短時間におこない、その結果から検査を受けた人のさまざまな個性を判定するというものです。足し算という数学的な手法を使ってはいるものの、いわゆる学力を問う試験ではありません。一般に、企業や自治体の就職採用試験では、適性心理検査・一般常識試験・専門学力試験の3種類のテストがおこなわれ、その後に数回の面接試験があります。そのうち、本書で解説する［内田クレペリン検査］は「適性心理検査」に該当するものです。

足し算に現れる受検者の内面
　では、なぜ、こうした単なる「足し算」の計算で、性格や適性がわかるのでしょうか。
　［内田クレペリン検査］でおこなう計算は、小学1年生で学ぶ程度の1桁どうしの足し算ですが、この短時間で計算を繰り返すことで何がわかるかといえば、まず、単純な計算がいくつできたかで「頭の回転の速さ」をある程度測ることができます。一定時間にこなせる計算の数の平均値をとれば、頭の回転が平均より速いか遅いかがひと目で明らかになります。
　しかし、それだけではありません。いかに1桁の足し算とはいえ、自分のもてる最大のスピードで続けざまに計算していく作業は、かなりの集中力を要します。しだいに集中力がとぎれがちになるかもしれません。どこかでつまずくと、頭に血が上って計算スピードが急にダウンしたり、計算間違いが増える可能性もあります。そこで［内田クレペリン検査］は、足し算を「続ける」というところに注目し、作業状態の推移を分析することによって、そこに表れる微妙な心理的変化から、その人の性格・心理状態を読み取り、内面をあぶりだそうとするものなのです。

［内田クレペリン検査］が就職試験に出る

　［内田クレペリン検査］の「クレペリン」とは、近代精神医学の礎を築いたドイツの精神医学者エミール・クレペリン博士（1856～1926）の名前をとったものです。そして、エミール・クレペリン博士の研究成果をもとに、日本の臨床心理学者の内田勇三郎博士（1894～1966）が心理テストとして構築したものが、現在、日本で実施されている［内田クレペリン検査］です。

エミール・クレペリン博士
（写真提供：ユニフォトプレス）

内田勇三郎博士
（株式会社日本・精神技術研究所HP）

　エミール・クレペリン博士は、足し算を繰り返しおこなうという単純作業の中に、「意志緊張」「興奮」「慣れ」「疲労」「練習」という5つの心理的な因子が、ある法則のもとに働き合っていることを見い出しました。そして、その結果に着目した内田勇三郎博士が、それを人間の精神活動や心理状態の判別、あるいは性格的特徴の予測に応用できるようなテストにまで発展させたのです。

　現在、心理適性検査として構築され、普及してきた［内田クレペリン検査］は、足し算という「作業」の進め方、言い換えるならば「仕事ぶり」を予測する検査として、多くの企業・自治体で就職適性検査として用いられています。

　本書は、就職という人生の大きな節目をむかえようとしている多くの人たちのために、就職試験に最も多く利用されている［内田クレペリン検査］とはどういうものなのかを、わかりやすく具体的に紹介・解説するものです。検査結果の具体例として紹介するたくさんの図表は、［内田クレペリン検査］の専門機関である、株式会社 日本・精神技術研究所が研究目的で蓄積してきた実際の検査結果から引用・転載しています。

内田クレペリン検査用紙　検査後の見本

これは、[内田クレペリン検査]を実際に受検し、結果を整理した見本です。本書では、これと同様の検査用紙を使った実例を引用しながら解説を進めていきます。ただし、ここでは紙面の都合上、未回答部分の一部を省略しています。

［内田クレペリン検査］
完全理解マニュアル 新版　　もくじ

　　［内田クレペリン検査］とは ……………………………………………… 2
　　内田クレペリン検査用紙　検査後の見本 ………………………………… 4
　　内田クレペリン検査用紙（試用版）について …………………………… 8

第1章　［内田クレペリン検査］はなぜ重要視されるのか

　　［内田クレペリン検査］とはどういうものか …………………………… 10
　　作業量（足し算の量）は多いほどよいのか ……………………………… 14
　　間違いが多いとどう判定されるのか ……………………………………… 16
　　作業曲線（作業量の推移）の意味するものとはなにか ………………… 18
　　［内田クレペリン検査］が採用試験に使われる理由 …………………… 21
　　Column1　外国人：国内／海外 …………………………………………… 24

第2章　［内田クレペリン検査］で明らかにされること

　　作業曲線（作業量の推移）の判定方法 …………………………………… 26
　　「非定型」は「独自性」を示す代名詞 …………………………………… 36
　　　　タイプ1　誤答の多発 ……… 40　　タイプ6　後期作業量の下落 ……… 50
　　　　タイプ2　大きい落ち込み … 42　　タイプ7　後期初頭の著しい出不足 … 52
　　　　タイプ3　大きい突出 ……… 44　　タイプ8　作業量の著しい不足 …… 54
　　　　タイプ4　はげしい動揺 …… 46　　タイプ9　その他 …………………… 56
　　　　タイプ5　動揺の欠如 ……… 48
　　Column2　安全管理 ………………………………………………………… 59
　　Column3　メンタルヘルス ………………………………………………… 60

第3章　就職適性はこう判定される！

作業量で判定される基礎能力の水準 …… 62
作業曲線による24のタイプ …… 68
24の符号が語る「本質」 …… 70

判定 ⓐ …… 82	判定 a′〜a′f …… 90	判定 f(B) …… 98
判定 ⓐ′ …… 83	判定 a′f …… 91	判定 c …… 99
判定 ⓐ〜ⓐ′f …… 84	判定 a′f〜f(A) …… 92	判定 c′ …… 100
判定 ⓐ′f …… 85	判定 f(A) …… 93	判定 c′f …… 101
判定 ⓐ′f〜f(A) …… 86	判定 b …… 94	判定 f(C) …… 102
判定 f(A) …… 87	判定 b′ …… 95	判定 d …… 103
判定 a …… 88	判定 b′f …… 96	判定 dp …… 104
判定 a′ …… 89	判定 b′f〜f(B) …… 97	判定 fp …… 105

［内田クレペリン検査］ここが知りたいQ＆A …… 106

Column4　学校 …… 108

第4章　［内田クレペリン検査］の直前対策

「理想的な検査結果」はあるのか？ …… 110
「自己演出」はどこまで通じるのか？ …… 110
［内田クレペリン検査］の自宅受検はどこまで有効か？ …… 111
［内田クレペリン検査］の正しい活かし方とは？ …… 112
［内田クレペリン検査］自宅受検の仕方 …… 113
　・検査実施要領 …… 115
　・検査後の注意 …… 118
　・検査用紙の郵送方法 …… 119
巻末綴込　内田クレペリン検査用紙（試用版）

巻末綴込
内田クレペリン検査用紙（試用版）について

　本書の巻末には［内田クレペリン検査］の専門機関である、株式会社 日本・精神技術研究所の内田クレペリン用紙(試用版)が綴じ込まれています。「試用版」としていますが、これは実際の検査用紙と同じものです。

　この検査用紙を使って自宅受検をし、株式会社 日本・精神技術研究所へ郵送すると正式に判定がおこなわれ、その結果が返送されてくるようになっています。「自宅受検の仕方」は、P. 113〜P. 119で詳しく説明しています。自宅受検に際しては検査実施要領を必ず守り、決められた手順でおこなうようにしてください。そうでなければ正しい判定をおこなうことができません。また、検査用紙は汚したり、破いたりすることがないよう、丁寧に扱ってください。

　自宅受検をしても判定が必要でないと思われるなら、もちろん、検査用紙を郵送する必要はありません。しかし、自分で判定することだけは、厳に慎んでください。［内田クレペリン検査］は性格・心理状態を判定する検査ですので、未熟、もしくは安易なレベルでの判定は大変危険だからです。

　また、本書で解説してある判定例は、非常に多岐に渡る判定の方法や着眼点の主要な部分を取り上げたにすぎませんので、正式な判定を本書の解説のみからおこなうことはできません。

第1章

［内田クレペリン検査］はなぜ重要視されるのか

［内田クレペリン検査］とは
どういうものか

単純な作業（計算）を繰り返すテスト

　［内田クレペリン検査］は、**1桁の足し算という単純作業を一定時間繰り返すことで、受検者の人となりを明らかにする心理適性検査です。**その具体的内容をくわしく説明していきましょう。

　内田クレペリン検査用紙の見本（P.4参照）では、横の長さを省略して紹介しています。実際の検査用紙には1行あたり116個の数字が、中央の仕切り線をはさんで、それぞれ17行ずつ印刷されています。

　検査が開始されたら、まず、検査用紙左上「サキ」と表示のある矢印がある一番上の行から計算を始めます。計算は下図「足し算の仕方と記入例」のように、最初の数字と次の数字の足し算をして、その答えが1桁の場合はその数字を、答えが2桁になる場合は1の位の数字のみを、最初の数字と次の数字の間の下に書き込みます。

足し算の仕方と記入例

　たとえば、最初の数字が5で、次の数字が7の場合は、5＋7で答えは12になりますので、1の位の"2"を5と7の間に記入します。仮に最初の数字が3で、次の数字が6であれば、そのときは3＋6で"9"と書きます。

　次に、2番目の数字と3番目の数字を足して、その結果を書き込みます。このとき、最初の足し算の答えは関係ありません。あくまでも、2番目の数字と3番目の数

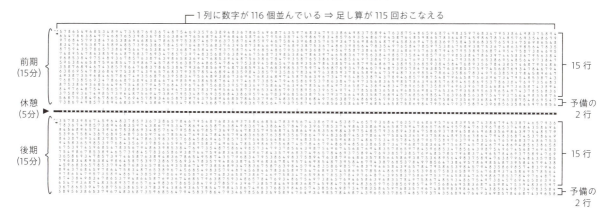

字の1桁どうしの足し算をおこないます。たとえば、2番目の数字が7で、3番目の数字が8なら15で、1の位の"5"を記入します。同様に、3番目の数字と4番目の数字の足し算、4番目の数字と5番目の数字の足し算……、と次々に計算をおこない、その答えを数字と数字の間に書き込んでいきます。1行に116個の数字が並んでいるわけですから、時間が十分にあれば、足し算を115回おこなうことになります。

しかし、実際の［内田クレペリン検査］では**1行に割り当てられている時間が1分間**に限られているため、実施者の号令で即座にその行の計算が中止され、それと同時に次の行に移動して、また左端から足し算を始めます。つまり、1分ごとに新しい行へ移動しながら、足し算を繰り返していくのです。

検査はまずこれを15回 = 15分間繰り返して「前期」とし、5分間の休憩をはさんで検査用紙の「アト」の表示の矢印のあるところから「後期」の計算を開始し、15回おこなって終わります。

数字の並びが「前期」「後期」ともに17行あるのは、受検者が行をとばしたり、1分間で1行以上の計算ができたときの予備のためです。

以上のように、［内田クレペリン検査］は、途中の休憩を含めて正味35分、検査開始前の用紙配布や検査の説明時間を入れて、およそ1時間で実施されます。

性格・心理を判定する 3 つの観点

　先に述べたように、［内田クレペリン検査］は単なる足し算の学力試験ではありません。さまざまな角度から人間の性格や心理状態を分析し、受検者の内面に迫る検査です。それでは、一体どのような角度、観点から人間を捉え、判定しようというのでしょうか。

［内田クレペリン検査］の「性格・心理判定」の観点は、大きく 3 つに分かれます。
　まず、1 分間に足し算がいくつできたかという**作業量**に注目します。［内田クレペリン検査］の特徴は、検査でおこなうのが"1 桁の足し算"であるということです。そして、この 1 桁の足し算が 1 分間にいくつできるかは、直接その人の「頭の回転の速さ」を示します。
「頭の回転の速さ」とはなにか。［内田クレペリン検査］では、それをその人がもっている「基礎能力」と考えています。いろいろなグループで 1 分間の作業量の平均値をとれば、検査を受けた人がどんなグループでどのレベルにいるのかが一目瞭然になります。
　たとえば、日本人の中で平均以上とか、就職希望者の中では群を抜いて「基礎能力」が高いとかが、検査結果から明らかになるわけです。
　次に、**計算間違い（誤答）の数や出方**が挙げられます。足し算の計算間違いをどのくらいしているかにはさまざまな原因が考えられます。単に、「基礎能力」が低いだけかもしれませんが、間違いが検査の後半に多ければ、集中力が続かない、持久力がないといった可能性もあります。
　また、緊張しやすい性格のため、検査にあがってしまい、頭がうまく働かなかったケースもないとはいえません。このように、間違いの数や出方からも、人間を分析することができるのです。

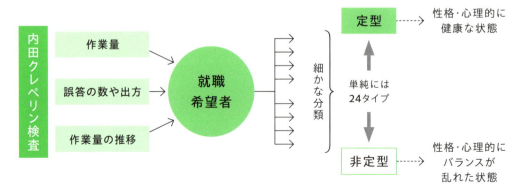

［内田クレペリン検査］の判定

そして最後の観点は、1分ごとの**作業量の推移**で、これこそが［内田クレペリン検査］の心髄ともいえる分析手法です。足し算をひたすら続けるというかなりの集中力を要する作業をおこなう中に、本質的なある一面が浮かび上がってくるという考え方です。

人によって、作業量は千差万別に変化します。計算の連続で頭が疲れてきて足し算のスピードが徐々に落ちる、または急激に落ちる人なら、持久力・粘り強さが不足しているのかもしれません。作業量が大きく変動し、増えたり減ったりを繰り返す人は、行動や気分のムラがはげしいともいえます。

［内田クレペリン検査］では、この作業量の推移を過去の膨大なデータと照らし合わせて分析し、あらゆる角度から性格的・心理的診断をくだすのです。

［内田クレペリン検査］は検査結果を大きく2つに分類する

このように、［内田クレペリン検査］は作業量、誤答の数や出方、作業量の推移といった大きく3つの観点から検査結果を判定していくわけですが、では、［内田クレペリン検査］は、人間をどのように類型化し、分類しようとしているのでしょうか。

あとで詳しく解説しますが、［内田クレペリン検査］の結果の分類法は非常に多岐にわたり、単純にグループ化する場合でも24のタイプに分けられます。しかし、それらを大きくまとめると2つの分類になることがわかります。

［内田クレペリン検査］では、それを**「定型」**と**「非定型」**という名でよんでいます。

ここでは言葉の説明だけにとどめておきますが、「定型」とは一言でいって「性格的・心理的に健康な状態である」ことを意味し、「非定型」は「性格的・心理的にバランスが乱れた状態」を表します。

つまり、誤解を恐れずに言うと、**［内田クレペリン検査］とは、受検者が「定型」か「非定型」のどちらに分類されるかを調べる検査なのです。そして、この分類が、就職採用試験での合否判定の際に判断資料のひとつとされているのです。**

作業量（足し算の量）は多いほどよいのか

作業量（足し算の量）は多いほどよいのか

　作業量とは、1分間に計算することのできた足し算の量のことをいいます。**すなわち、どれだけすばやく頭を回転させて、簡単な計算（作業）をスピーディーにこなすことができるかが、その人の「基礎能力」を測る尺度といえます。**

　この作業量は、詳しい研究によると「仕事（作業）の処理能力」「積極性」「活動のテンポ」「意欲」「臨機応変な処理能力」などの高低と深い関係があるとされています。通常の判定では、作業量が多い人ほど物事に積極的で、能力とともに意欲もあり、仕事をテキパキこなすことができるとされます。

　もちろん検査結果の判定は、作業量とともに誤答の出方、作業量の推移などを合わせた総合的な見地からおこなわれますので、作業量の多少からだけでは正確な性格・心理判定はできません。しかし、まずこの**作業量の水準をレベル分けすることによって、ある程度、受検者の基礎能力が明らかになる**わけです。

　［内田クレペリン検査］では、次ページの表「作業量の段階」のように、1分間の作業量の水準を、Ⓐ～Ｄの5段階に分けています。

　作業量は基礎的能力を測る尺度という意味合いをもつことから、一般に就職採用試験の場面では、少ないよりも多いほうが有利といえるでしょう。例えば、右の図表の水準でいえば、少なくともＢ段階をクリアしていることが望ましいとされることが多いようです。

作業量の段階

区　　分	Ⓐ段階	A段階	B段階	C段階	D段階
前　期　範　囲	55以上	40〜55	25〜40	10〜25	10以下
後　期　範　囲	65以上	45〜65	30〜45	15〜30	15以下
「知能」「仕事の処理能力」「積極性」「活動のテンポ」「意欲」「気働き」などの面	水準が高い	不足はない	いくらか不足	かなり不足	はなはだしく不足

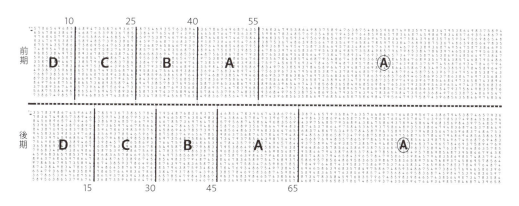

内田クレペリン検査用紙

　ただし、作業量は単に多ければよいというわけではありません。職場によっては、たとえゆっくりなテンポであっても丁寧で着実な仕事が求められる場面もありますし、速いテンポがかえってせかされるようで落ち着かないという職種もあるようです。

　また、仮に作業量がA段階にあったとしても、答えに誤答が頻発していれば検査結果の判定に悪影響を及ぼします。誤答の数や出方によっては、「バランスの乱れ」を意味する「非定型」と判定される可能性があるからです。

　さらに、作業量が多いほうが望ましいというのは、あくまでも特異な作業量変化をしないというのが前提になります（P.26参照）。

間違いが多いと
どう判定されるのか

誤答から性格・心理状態を予測

　［内田クレペリン検査］では、作業量の大小は「基礎能力」を測る大事な判定基準です。しかし、作業量を増やすことにのみ心を奪われ、計算の正確さを無視して作業を進めると、検査結果の判定に大変重要な影響を及ぼします。［内田クレペリン検査］では、誤答の数や出方も性格・心理の判定の大切な要素だからです。

　もちろん、ある程度の誤答は当たり前のこととして、判定のマイナス要素にはなりません。けれども、**誤答の数が多い、誤答の出方に独特の規則性がある、ある部分に集中して誤答が発生している、などといった場合には、「性格・心理的にバランスが乱れた状態」を意味する「非定型」と見なされます。**そこにはなんらかの性格的、もしくは心理的要因が作用していると考えられるからです。
　［内田クレペリン検査］では、誤答の量や発生の仕方から、受検者の次のような性格・心理状態を予測します（P. 40 〜 P. 41 で詳しく解説）。

▶**誤答が頻発している、あるいはある行に集中している**
　　考えが頭に浮かぶままに、あるいは刺激のままに行動しやすい傾向にある。人の気持ちにかまわず行動したり、人によっては見せかけや空言（そらごと）を言ったりすることがある。
▶**誤答が全体的に散在している**
　　緊張や興奮で、落ち着きがなくなる傾向にある。軽い場合は調子よく活発になるが、度をこすとじっくり考えることができなくなり、思考力や応用力が低下する。

▶誤答が散在しており、それが特定の数字に関わっている

　　ある観念や考え方に固執しやすく、他への配慮がたりない傾向にある。終わった話を蒸し返したり、一度覚えたやり方をなかなか変えられないことが多い。

▶作業量がC段階以下で、誤答が多発している

　　基礎能力が低く、難しい話や複雑なことを理解しにくい。

誤答の注目の仕方

　誤答については、まず前期・後期の11行目を調べます。それは［内田クレペリン検査］の過去のデータから、**「非定型」につながるような誤答は、前期・後期とも後半で増える傾向にあることが判明しているからです。**

　そのため、前期・後期それぞれ2/3を経過した11行目に着目し、誤答を調べます。その上で、どちらかの行に誤答が多く見られた場合には、その前後の行も調べ、1つの行に誤答が集中しているかなどの点をチェックします。見極めに迷うときは、その他の行を調べることもあります。

誤答のチェック

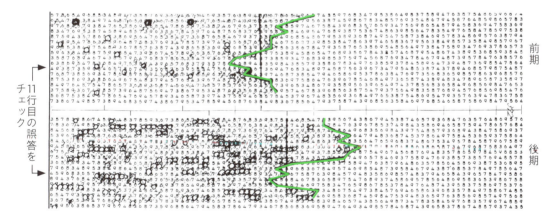

作業曲線（作業量の推移）の意味するものとはなにか

曲線が性格と心理を表す

　［内田クレペリン検査］の主たる３つの判定基準のうち、最も重要で、この検査の根幹ともいえるものが**「作業量の推移」**です。検査では１分間に足し算をおこなってその答えを記入し、ちょうど１分経過するごとに次の行に移って足し算を続けます。これを前期15分（15行）、後期15分（15行）、計30分繰り返します。

　検査結果を見ると、各行ごとに１分間でできた計算の量がひと目でわかり、それらを線で結ぶと、１分間におこなった計算の量がどのように変化しているかが明らかになります。この結んだ線を**作業曲線**といいます。

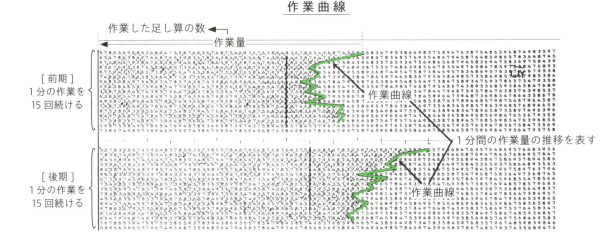

　上図の作業曲線を見ると、足し算のスピードがどのように変化していったかが明らかになります。［内田クレペリン検査］では、この作業曲線の形、すなわち作業量の変動から受検者の性格・心理状態をひもといていくのです。

1桁どうしを加える足し算といえども、自分のもてる最大のスピードで計算していくという作業は、かなりの集中力を必要とします。そのうち頭が疲れてきて、途中で計算の速度が落ちてくるかもしれませんし、反対に計算に慣れて作業量が増えてくることも考えられます。

　また、人によっては作業量が大きく増加したり減少したりを繰り返すこともあり得ますし、逆に何分たっても同じ作業量で変わらない人もいないとは限りません。いずれにしても時間経過にともなう作業量の変化には、その人の内面的要素が投影されるというのが、この検査の考え方です。

　［内田クレペリン検査］は、膨大なモニタリング結果や過去の受検者のデータの蓄積から作業曲線の類型化がなされています。すなわち、**曲線によってどのような性格・心理を表すかという判定基準が明確化**されているわけです。

　その基準に従うと、性格・心理的に別段問題がない人の作業曲線の形は、ある程度の幅をもっておのずと定まります。そうした曲線を「定型」とよび、それ以外の特徴をもった曲線を「非定型」としています。

「定型」を示す作業曲線の例

　大まかに言って「定型」とは、受検者の「性格・心理状態が健康である」ことを意味します。「定型」を示す作業曲線にはいくつか特徴がありますが、下図のように、後期の作業量が前期を上回っており、前期の作業曲線がおおむねU字型、後期の作業曲線が右下がりになります。

　また、適度に変動（凹凸）があるのも「定型」の重要な要素です（P.26〜P.35で詳しく解説）。

「定型」の作業曲線

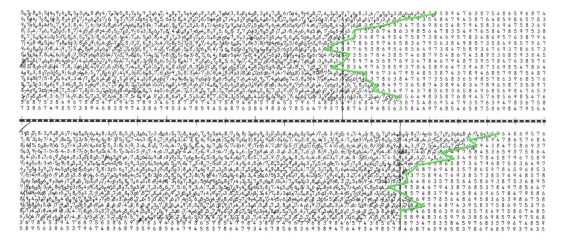

第1章 ［内田クレペリン検査］はなぜ重要視されるのか

「非定型」を示す曲線の例

「非定型」は「性格的・心理的にバランスが乱れた状態」ということの代名詞です。下図の作業曲線を前ページの「定型」の曲線と比べると、ひと目で形がまるで違うことがわかります。前後期ともに作業量の上昇が不自然で、図からはわかりにくいですが、誤答も頻発しています。

この受検者は、「気分にムラが多く、感情的になりやすくて、自分勝手な行動をとりがちな性格である」と判定されました。

「非定型」の作業曲線

［内田クレペリン検査］が採用試験に使われる理由

学力試験では測れない潜在能力

　一般に企業・自治体が就職採用試験を実施する場合、主に3種類の試験をおこなって、最終的に採用・不採用を決定します。通常はエントリーシートによる書類選考を経て、**「心理・適性検査」**や**「学力試験」**といった筆記試験が実施され、最終的に**「面接試験」**で合否が決められます。「学力試験」は「一般教養」と「専門分野」に分かれ、これらの試験を複数回実施するところもあります。試験結果のうち、**採用・不採用の判定にどれをどのくらいの比率で重視するかは、企業や自治体によってさまざま**でしょう。それは、組織のカラーや経営方針に関わってくる問題です。

　しかし、どこの採用担当者にとっても、採用選考場面での課題になることは、多数集まった就職希望者の中から、いかに効率的かつ合理的に優秀な（あるいは適当な）人材を選びだすかということです。そして、その方法は、誰もが納得する客観的な選抜方法でなければなりません。最後の関門となる面接試験に、「なぜ、この応募者を選んだのか」の疑問に対する答えとして、採用担当者としては明確な根拠が必要だからです。一次、二次とおこなわれる試験は、その最もわかりやすい形の選抜方法なのです。

　学力検査では、受検者が身につけた教養や専門分野の知識の量を測ります。これはいわば学校の入学試験と同じで、知識が豊富であることを得点で明確に示すことができます。しかし、この種の学力試験では、その人が基本的に持っている潜在能力までは見通すことができません。

　入社した後に臨機応変に仕事をこなし、創造力を働かせて会社の業績を伸ばしていく。これはその人の基礎能力に関わってくる問題ですので、たとえば学力試験の点数が同じであれば、基礎能力の高い学生を採用したいと考えるのは当然のことといえます。しかし、**この潜在的な能力は、潜在的ゆえに、なかなか目に見える形で評価することができません。**

　そこで、心理・適性検査なるものが必要になるわけです。

採用担当者が求めている「その人らしさ」の情報

　受検者の性格が会社のカラー・風土に合っているか、心理的な問題を抱えてはいないか、などの点も採用を担当する者にとっては重大な関心事です。これらの要素を読み違えると、その人が入社してから社内的に問題を引き起こしたり、早期退職につながったりしかねないからです。

　以上のことから考えてみると、企業・自治体の採用担当者が就職希望者に関して最も知りたいと思っている本当の情報は、その人の内面部分、すなわち基礎能力、性格、心理状態などであることがうかがえます。それを一言でいえば、その人の真の姿、つまり「その人らしさ」ということです。

　［内田クレペリン検査］では受検者の基礎能力、臨機応変に対処する力、性格・心理状態などが明らかにされます。就職採用試験で［内田クレペリン検査］が実施されるのには、このような理由があったからなのです。

　しかし、たったひとつの検査で、1人の人間の内面のすべてがあばかれるのでしょうか。自分はそんな人間ではないと反発したり、判定を拒絶する・しないは別にしても、検査当日に体調をくずしていたり、前の晩に眠れず、頭がすっきりしていなかったというような状況もあり得ます。もし、別の日に再検査を受ければ、もっと違った結果になるという可能性もないわけではありません。

　事実、一般で実施される［内田クレペリン検査］では、検査の監督者が正しい結果が得られないと判断したり、判定者が検査結果に疑問を感じたりしたときは、再検査をおこなったほうがよい場合もあるとしています。

　しかしながら、通常、就職採用試験で再検査がおこなわれることはまずありません。採用担当者としては、検査結果の判定から次のステージに送る人のみを選択すればよいのですから。

なぜ［内田クレペリン検査］が採用試験に使われるか

　このように、企業や自治体など採用試験をおこなう側は、効率よく就職希望者の「その人らしさ」を見極め、ふるいにかけようとします。この「その人らしさ」とは、基本的能力や性格、心理状態などを含む総合的な人物像です。

　世の中に知能テストの類は数多く知られていますが、これらは受検者の知能指数、つまり基本的能力のみを測る試験であって、性格や心理状態まではつかむことができません。また、心理検査も多くありますが、こちらも心理状態や適性の判定はできても、基本的な能力については対象外です。

このように、一般の知能テストや心理検査では、それぞれの検査の対象となるものが狭くしぼられているのが通常です。しかし［内田クレペリン検査］についていえば、受検者の潜在的な能力から性格・心理状態に至るまでの幅広い分析が可能で、**その人の内面を総合的に判定できる**のです。

　また、就職採用試験では日程や予算が限られているため、採用担当者にとっては１回の検査でより総合的で精密な判定ができる［内田クレペリン検査］はじつに都合のよい検査といえ、それゆえに就職採用試験で使われるのです。

　ここまで見てきたように、［内田クレペリン検査］は１桁の足し算をするだけの検査になりますので、言語の違いによる影響を受けづらい検査です。そのため、最近増えている外国人採用の場面でも用いられるようになっています。

最後には会社が決める受検者の「適性」

　では、採用・不採用を決定する立場の企業や自治体は、［内田クレペリン検査］の結果をどのように判断するのでしょうか。

　［内田クレペリン検査］では、検査結果から受検者の基礎能力や性格心理状態などが明確に判定されますが、さらに踏み込んだ内容、たとえばこのタイプの人にはこの仕事には合わないとか、この職業にはこの種の人が適しているなどといったことまでは、正確には判定できません。

　もちろん基礎能力と人間性が明らかになるわけですから、各企業が求める能力水準に達していなかった場合は不採用の資料となりますし、意志が弱いとか根気がないといったような判定が出た人間を避けることもあるでしょう。しかし、**特定の職種や業界で、ある一定レベル以上の基礎能力を有した人の中から［内田クレペリン検査］の結果のみで、こういった結果の人だけを採用している、または除外しているといった事例はほとんどありません。**この検査でわかるのは、あくまでも人間の内面であって、細分化された職業それぞれについての適性ではないのです。

　もっとも、長年［内田クレペリン検査］を実施しているところでは、過去の検査結果と採用後の人事評価から、独自の判断基準を設けていることも考えられます。また、社員に［内田クレペリン検査］を受検させ、その結果を採用試験時の参考にしている会社も実際にあります。

　しかし、いずれにしても、［内田クレペリン検査］の検査結果からくだされた判定は万能ではなく、その判定をどう評価するかは各企業・自治体の意向にかかっているわけです。そして、採用する側は、書類選考、学力試験、面接試験などの段階的選考を設け、より組織のカラーや経営方針に合った人材を選抜していくのです。

column *1*　外国人：国内／海外

異なる言葉や文化の人たちと一緒に仕事をする現場で

　街中で外国の人たちを目にする機会が増えましたね。少し前までは観光客が多くなったという印象でしたが、いまでは日本で仕事をして生活している外国出身の人たちがたくさんいます。コンビニなどでも、日本語で丁寧に応対しながら、あの複雑なレジの機械を器用に操作する外国人をよく見かけます。自分が外国で働くところを想像してみると、尊敬の念が湧いてきます。一方で、そんな表舞台の裏では、働く人も雇用する人もいろいろな苦労があるのだろうと思います。

　できるだけ仕事と人のミスマッチを減らしたい、というのは外国人を採用するときも日本人を採用するときも同じです。でも、外国人を採用するときには、言葉や文化の違いもあって、その人の仕事上のパフォーマンスを予測することがより難しいということがあるでしょう。そんなとき、［内田クレペリン検査］が役に立ちます。

言葉や文化の違いの奥にある、生の「仕事ぶり」を測ることができる

　［内田クレペリン検査］は言葉を使った質問（設問）による検査ではありません。ですから、まず質問を翻訳する必要がありません。そして、質問を使う多くの検査のように、その人が育った文化の影響によって質問の受け取り方がずれてしまうようなことがありません。言葉や文化の影響の奥にある生の「仕事ぶり」を測ることができる、といえるでしょう。

　でも、ちょっと気をつけてください。その人が大切にしている言葉や文化も、外国人と一緒に働くうえでとても大事なポイントです。［内田クレペリン検査］でわかる「仕事ぶり」だけでなく、検査ではわからないそういった面もしっかり確認してください。わたしたちは、国籍や言語にかかわらず、目の前にいる一人の個人の「仕事ぶり」や所属する文化、属性が尊重される職場が増えていくことを願っています。

日本だけでなく、世界へ広まる［内田クレペリン検査］

　日本国内で働く外国人への活用に先んじて、内田クレペリン検査は1990年代から海外で使われ始めています。特にアジア圏に進出した日本企業が現地で人材を採用する際に活用されてきました。また、いまでは世界的な企業に成長した韓国の企業でも［内田クレペリン検査］がいち早く導入され、韓国内だけでなく世界中の製造拠点で［内田クレペリン検査］を活用してきた実績もあります。

第2章

[内田クレペリン検査]で明らかにされること

作業曲線（作業量の推移）の判定方法

作業曲線の名称

　［内田クレペリン検査］の３つの判定基準（作業量、誤答の数や出方、作業量の推移）のうち、**受検者の性格・心理判定に直接関係し、この検査の根幹ともいうべきものは、作業量の推移を表す作業曲線**です。１分間の足し算の量が、時間経過とともにどのように変化したかを表す作業曲線は、受検者によって多種多様な形を示します。そこには、作業途中に表れる微妙な心理変化、受検者がもともと持っている性格など、さまざまな内面的要素が投影されます。

　検査用紙は受検者が答えを記入するだけではなく、そこに作業曲線が書き込まれ、判定に用いる大切なものです。この検査用紙および作業曲線の各部は、それぞれ右図のようによばれています。これらの名称は、これからの解説にも頻繁にでてきますので、名称の意味がわからないときは右図「作業曲線の各部名称」を参考にしてください。

「定型」を示す曲線の形

　作業曲線はあらゆる角度、観点から分析され、さまざまな曲線的特徴から類型化がなされます。そのための基準は非常に多岐にわたりますが、極論すれば、作業曲線を大きく２つに分類することといえます。それが「定型」と「非定型」です。**［内田クレペリン検査］では、「定型」を「心的活動の調和・均衡がよく保たれていて、性格・行動ぶりの面で問題がない人々の検査結果」**と定義しています。つまり「とくに問題なし」を意味します。それに対し「非定型」は、「心的活動のバランスが乱れていて、性格・行動ぶりの面での偏りが疑われる検査結果」ということになります。

　それでは、「定型」とは具体的にどういった特徴をもった作業曲線形をいうのでしょう？

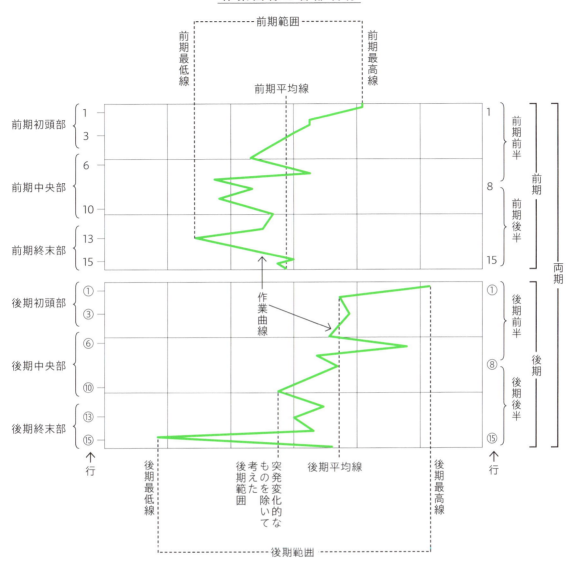

［内田クレペリン検査］では、その作業曲線の特徴を、次のように規定しています。
① 前期の曲線がおおまかにU字型、またはV字型をしている。
② 後期の曲線がおおまかに右下がりである。
③ 後期の作業量が前期を上回っている。とくに後期1行目が検査全体をとおして最高になる。
④ 曲線が適度に凹凸になっている（ギザギザしている）。
⑤ 誤答がほとんどない。
⑥ 作業量が極端に低くない（Ⓐ～C段階内である）。

下図は、「定型」の作業曲線の例です。

ここでは作業量の大小よりも曲線の形を見るもので、作業量段階がⒶ〜Ｃの水準にあてはまっており、曲線が「定型」の要素を満たしていれば、性格・心理についてはいずれも「健康状態」と判定されることになります。

「定型」の曲線の例　その１

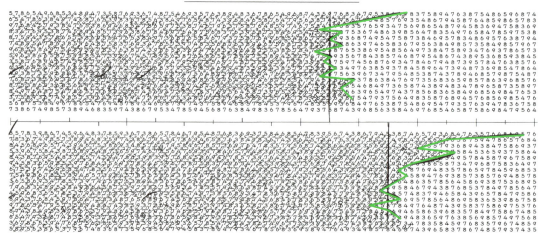

「定型」の曲線の例　その２

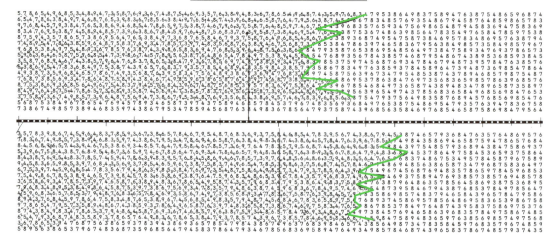

「定型」とみなされる曲線

　しかし、P.27 の 6 項目で「定型」を規定するとしても、そこにはある程度の幅がでてきます。たとえば、「曲線がＵ字型」といっても深くえぐれたＵの字もあれば、たいらな皿のようなＵも考えられるからです。
　また、「曲線に適度な凹凸がある」とありますが、適度とはどの程度のことまでをいうのでしょうか。判定が「定型」とくだされるのと「非定型」とされるのとでは、採用試験の結果に大きな影響を与えるだけに、曲線の判定は慎重にされる必要があります。
　そこで［内田クレペリン検査］では、まず「典型的定型」を設定し、その曲線傾向から少しくずれたものを「定型のわずかなくずれがあるもの」とし、くずれの程度が大きなものを「定型の明らかなくずれがあるもの」とある程度の幅をもたせています。ここで言う「くずれ」とは「定型」から離れる要素のことです。
　つまり「定型」とはなはだしくは違っておらず、「非定型」に当てはめるには無理がある作業曲線を「定型のくずれがあるもの」というグループに入れるわけです（検査結果の例は P.32 〜 P.35 参照）。

「典型的定型」の特徴をもつ曲線

　では、その「典型的定型」とは、いかなるものなのでしょうか。
　P.30 〜 P.31 の図表は、作業量が Ⓐ から Ｃ 段階の水準にある「典型的定型」の特徴をもつ検査結果の例です。このように「典型的定型」の作業曲線の形は、作業量の大小によって微妙に異なっています。これらの「典型的定型」の作業曲線は、統計的な平均から求められたものではありません。
　［内田クレペリン検査］では、この検査の生みの親である内田勇三郎博士が、「性格・心理状態が健康である」人に一定の曲線の形が見られることを発見し、それを「性格・心理状態が不健康な状態にある」人の曲線形と対比されることによって得られたものとされています。

「定型」にあてはまる人物像

　それではここで、この**「定型」にあてはまる人物像**を具体的に明らかにしておきましょう。**本書では、これまで「性格・心理状態が健康である」、または「問題がない」といった表現を使ってきましたが、［内田クレペリン検査］では、一般的に次のような性格的・特徴を有している**としています。

「典型的定型」の性格的・特徴

❶ 仕事をしようと思うか、あるいは仕事を命じられたとき、ただちにその仕事に着手し、かつ没頭できる。
❷ 同じ仕事に長時間従事しても、少しのムラもなく、楽な気分で適度な緊張が保てる。
❸ 仕事に慣れるのが早く、したがって物事に興味をもち、疲れにくい。
❹ 外からの妨害、たとえば雑音や話し声などに影響されることが少ない。
❺ 外界の変化に対して、ただちに臨機応変な反応を示すことができる。
❻ 事故や災害、または不慮の失敗を引き起こすことが少ない。
❼ 人柄も円満で素直、しかも確固たるところがある。

作業量がⒶ段階で「典型的定型」の特徴を示す例

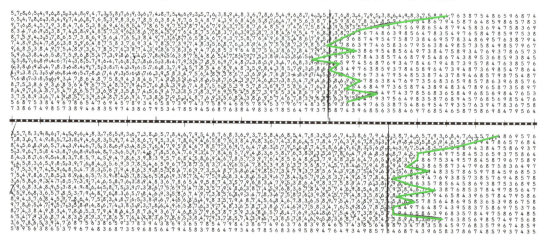

作業量がA段階で「典型的定型」の特徴を示す例

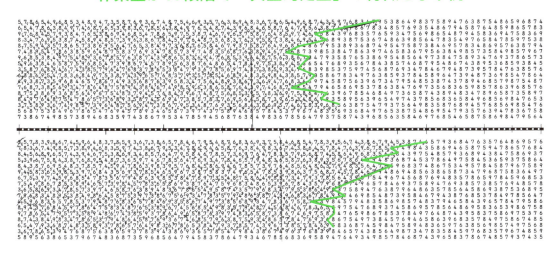

作業量がB段階で「典型的定型」の特徴を示す例

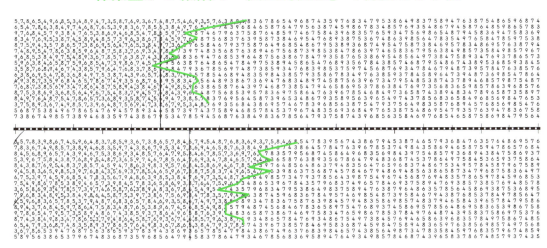

作業量がC段階で「典型的定型」の特徴を示す例

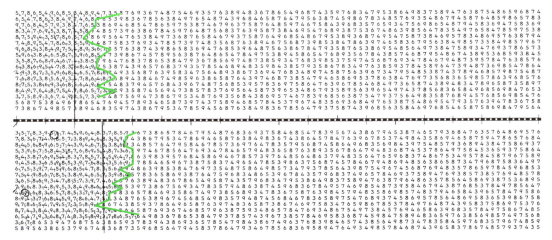

定型のわずかなくずれがあるもの

「定型のわずかなくずれがあるもの」を示す作業曲線とは、「典型的定型」の曲線の形とそれほど違っておらず、基本的傾向は同じものをいいます。つまり「典型的定型」ではないものの、それに準ずるグループのことです。

したがって、この検査結果を示す人の性格・心理状態は、P.30で挙げた「典型的定型」の7つの特徴に似通ったものであると判断できます。実際に統計的に見ると、「典型的定型」を示す人に比べて「定型のわずかなくずれがあるもの」の部類に入る人のほうがはるかに多いといえます。

下図で、P.30～P.31ページに示した「典型的定型」の図と類似しているところ、「くずれ」ている点を確認しておきましょう。

作業量がA段階で「定型のわずかなくずれがあるもの」の例

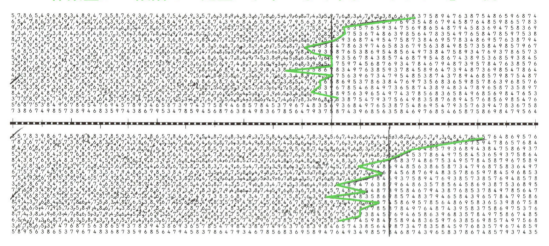

前期後半部の盛り上がりがやや不足していますが、これはU字型の底の部分が下にずれたものと見ることができます。「典型的定型」の作業曲線の基本的傾向が明らかに確認できます。

作業量がB段階で「定型のわずかなくずれがあるもの」の例

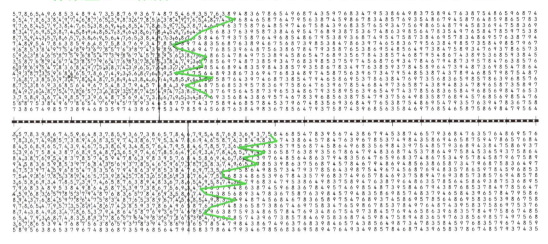

　前期も後期も2分目が最高点となっていることがやや不自然ですが、1分目の作業量がもう少し多ければ、「定型」の特徴をほぼ満たすといえます。

定型の明らかなくずれがあるもの

「定型の明らかなくずれがあるもの」を示す作業曲線は、前頁の「定型のわずかなくずれがあるもの」より、さらに明確に「典型的定型」の特徴にあてはまらない部分が指摘できるものといえます。しかし、「定型」の特徴を残しており、「非定型」にあてはめるには無理があるものです。

この検査結果を示す人の性格・心理状態は、**P. 30で挙げた「典型的定型」の特徴とある程度、合致するもの**と判断できます。

作業量がA段階で「定型の明らかなくずれがあるもの」の例

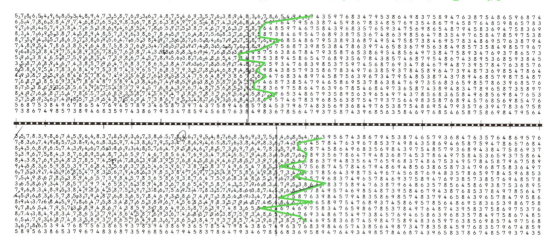

前期・後期とも作業曲線が横ばい気味になっており、ところどころに短い平坦が見られるなど、凹凸も小さくなっています。しかし、まだ「定型」の基本的傾向は残っています。

作業量がC段階で「定型の明らかなくずれがあるもの」の例

　C段階としては、前期・後期とも、作業曲線の凹凸が大きすぎる傾向にあります。また、前期の曲線はU字型というよりも、もっぱら上昇傾向にあり、部分的にくずれが目立っていますが、「非定型」にあてはめるほど曲線の形は「定型」から離れていないといえます。

「非定型」は「独自性」を示す代名詞

「非定型」の考え方

　本書では、これまで「非定型」という判定結果を「性格的・心理的にバランスが乱れた状態」、あるいは「性格や行動ぶりに偏りが疑われる」ものとして説明してきました。また、「定型」にくずれがあることを「非定型」的特徴があるともいいました。では、「非定型」とは、具体的にどのような検査結果を示し、性格・心理状態はなんと判定されるのでしょうか。

　ここでは、採用試験の合否に大きな影響力をもつ「非定型」の詳細とその判定について解説します。

「非定型」とされる9つの特徴

　「非定型」は「定型」の特徴からかけ離れた検査結果のことですが、その離れ方にはいろいろな方向が考えられますので、**「定型」と違ってひとつのタイプに集約されるものではありません。**

　「非定型」とされる曲線の特徴は、大きく次の9種類に分類されます。

❶ 誤答が多発している。
❷ 曲線の一部で、大きい落ち込み（極端に作業量が少ないところ）がある。
❸ 曲線の一部で、大きい突出（極端に作業量が多いところ）がある。
❹ 曲線がはげしく動揺して、大きく凹凸になっている（ギザギザしている）。
❺ 曲線に動揺が見られず、凹凸がかなり小さい（ギザギザがほとんどない）。
❻ 後期の作業量が前期に比べて減少している。
❼ 後期初頭（1～2行目）の作業量が極端に少ない。
❽ 作業量が極端に少ない（D階段にある）。

❾ その他（作業量の最高の行と最低の行の差がはげしい、答えの数字の判読が困難、作業を途中で止めてしまうなど）。

「定型」の特徴を改めて確認

　ここで、もう一度「定型」の特徴を振り返ってみると、「独自性」が強い検査結果を、なぜ「非定型」とよぶのかが一目でわかるでしょう。「非定型」の９つの特徴のほとんどが、「定型」のそれと対局をなすものとなっています。

「定型」の特徴

❶ 前期の曲線が大まかにＵ字型、またはＶ字型をしている。
❷ 後期の曲線が大まかに右下がりである。
❸ 後期の作業量が前期を上回っている。とくに後期１行目が検査全体を通して最高になる。
❹ 曲線が適度に凹凸になっている（ギザギザしている）。
❺ 誤答がほとんどない。
❻ 作業量が極端に低くない（Ⓐ～Ｃ段階内である）。

「非定型」で判明するマイナス要因

　これまでに解説した［内田クレペリン検査］の判定による類型化を図示すると、下図「内田クレペリン検査の判定」のようになります。**「定型」は「典型的定型」をひとつの固定した特徴とし、それから多少の幅をもたせて「くずれ」としているのに対して、「非定型」はおおよそ9タイプに分類**されています。
　この9タイプの「非定型」それぞれには、作業曲線の形や誤答の数や出方がなぜそうなったかという性格・心理的要因があり、［内田クレペリン検査］では、それらの相関関係が個々に詳細に分析されています。

　たとえば、「誤答が多発」している場合は、慎重派ではないと考えることもできますし、その誤答が検査の後半部によく見られるなら、持久力がなく、疲れてくるといい加減になりやすい性格の人間の可能性もあります。
　また、曲線に「はげしい動揺」があるなら、その人は情緒不安定で、気分のムラがはげしかったり、周りの環境に影響されやすい傾向にあると考えられます。

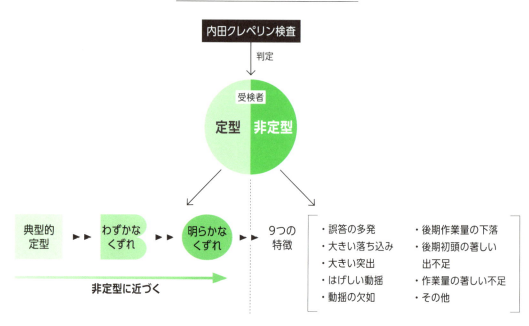

内田クレペリン検査の判定

「非定型」でもプラス要素と評価されることも

　このように「非定型」は種類によって、その曲線特徴の背景にある性格・心理状態はさまざまです。しかし、総じてそれらの「非定型」の背景となる要因はネガティブなものが多く、社会生活においてはマイナスの面として現れがちです。そうしたことから、就職の際には「不採用」の根拠になるわけです。

　もっとも、**ネガティブな要因やマイナスの面に目が行きがちな「非定型」も、角度を変えてみるとポジティブ・プラスな要素と評価されることもあります。「非定型」に見られる独自性は、「定型」からは得られない独創的な発想や、特別な「才能」として発揮されることがあるからです。**このことから「非定型」を他には得がたい「異才」として、採用の根拠とする場合もあることを付け加えておきます。

　また、「非定型」にもやはり程度はあり、その特徴が顕著なものと軽度なものに分かれ、判定も微妙に異なってきます。

　次頁から、それぞれのタイプの「非定型」について、作業曲線の形と、性格・心理状態の特徴をひとつひとつ見ていきます。

> **タイプ1**　誤答の多発

●判定のポイント

　誤答の数は、前期・後期とも、まず11行目を調べて判断されます。 もし、前期・後期の11行目のどちらかに誤答が3個以上あった場合は、その前後の行、および前期・後期の1行目を調べます。そして、誤答調べをしたすべての行で多くの誤答があったり、1つの行にかなりの数が頻出しているなどのときは、「誤答の多発」と判定されます。

　もちろん、その他の行であっても、誤答が多い場合は同様です。

●性格・行動面での特徴

　「誤答の多発」では、その誤答の出方から次の4つの判定結果に分かれます。

❶ **誤答が頻発している、断続的に発生している、特定の行に集中している。**
　→自己を制御することが難しい傾向（または状態）にある。
　頭に浮かぶまま、あるいは刺激に応ずるままに行動しやすいタイプ といえます。自分の意欲のままに、その場の状況や相手にかまわずどんどん行動したり、人によっては、要領のよさ、見せかけ、ほら、嘘を言ったりすることもあります。まれに、緊張しすぎて無我夢中の状態になってしまって不適切な行動にでたり、はなはだしい場合は、わがまま勝手、けんか、乱費、乱暴や反社会的行為につながる恐れもあります。

❷ **誤答がぱらぱらと散在している。**
　→あせりによって、変調状態をきたすことがある。
　自分自身をあおったり、周囲からせきたてられたりすると、平常心を失い、変調状態におちいりやすくなります。 軽い場合は調子よく活発になりますが、度が強くなると、じっくり思考することができなくなりがちです。機械的な判断しかできず、応用力が乏しくなり、さらに変調状態が強くなると、不適切な行動にでることもあります。

❸ **誤答が散在していて、それが特定の数字のときに発生している。**
　→1つのことに固執する傾向にある。
　ある考え方や観念にとらわれすぎるあまり、他への配慮が妨げられる傾向にあります。 議論が終わった話をしばらくして蒸し返したり、一度覚えたやり方をなかなか変えられないといったことがあります。

❹ **作業量がC段階で、誤答が多い。**
　→難しいことや複雑なことが理解できにくい傾向にある。
　複雑な思考が苦手で、物事をすばやく理解することができず、習熟、順応、上達が遅く、即効性や自発性も低いと考えられます。

● 「誤答の多発」が顕著な例

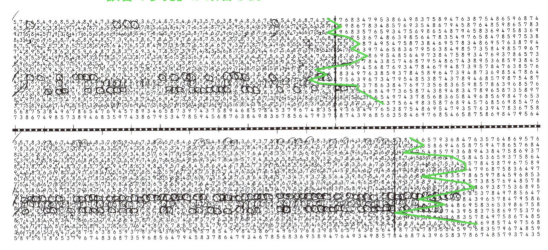

　前後期ともに初頭部の誤答は散在に見えますが、後半になると誤答が増加し、かつ連続しています。誤答の出方に注目すると、時間の経過とともに誤答が増加していることが認められます。
　このような検査結果から、【性格・行動面での特徴】としては、自己を抑制することが難しい傾向（または状態）にあり、自分勝手に行動したり、自己顕示のために虚勢を張ったりしがちなタイプであると考えられます。

● 「誤答の多発」が軽度な例

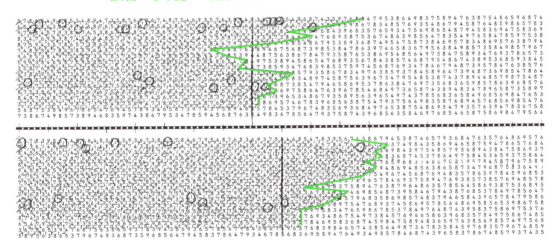

　前期・後期とも誤答の分布はほとんど同じで、発生の仕方にきわだった特徴はありません。前期・後期の11行目で誤答の数をチェックすると、どちらも3～4個におさまっており、このような場合、「誤答の多発」という「非定型」にあてはまるかどうかの境目に近いといえます。
　しかし、他の行を見ると、ぱらぱらと誤答が発生しており、その数も少なくないことから、軽度の「誤答の多発」と判定されます。誤答の出方は散在している状態です。
　このような検査結果から、【性格・行動面の特徴】としては、あせりやすく、じっくり考えて適切な行動をとるということができにくくなるタイプであると考えられます。過度の緊張状態でも見られます。

> **タイプ2** 大きい落ち込み

●判定のポイント

　作業曲線の一部で1行だけ作業量が急激に減少したり、数行にわたってかなり減ってきているときは「大きい落ち込み」があると判定されます。落ち込みは、深さ（作業量の減少量）や回数などで、程度を判別します。

　ただし、作業量の変動を「大きい落ち込み」と見るか、タイプ4の「はげしい動揺」と考えるかについては注意が必要です。この場合、次の2点に着目します。
❶ 落ち込みは1か所だが、程度がはなはだしい。
❷ 落ち込みは小さいが、何か所もある。

　落ち込みのある行には、誤答が目立つ、文字の訂正が多い、筆圧が弱く文字がうすくなっているといった特徴を示すこともあります。

　また、前期・後期の1、2行目に作業量の減少があるときは、「大きい落ち込み」ではなく、「定型」曲線に比べて「初頭の出足の悪さ」があると解釈し、ここでいう「大きい落ち込み」とは考えません。

　しかし、後期1～3行目に著しい作業量の不足がある場合は、タイプ7の「後期初頭の著しい出不足」の「非定型」と判定します。

●性格・行動面での特徴

「大きい落ち込み」を示すのは、次の2つのケースのどちらかの場合であると考えられます。
❶ **一時的に放心状態となる傾向（または状態）にある。**
　時折ぼんやりとして、その場に無関係な空想にふけったり、仕事中に自分でも知らぬ間に手を止めているなどの行動が見られます。
　また、忘れ物をしやすい、急に考えが止まり先に進まなくなる、といった場合もあります。
❷ **一時的に思考や作業が硬直する傾向（または状態）にある。**
　緊張やその他の理由から、心はあせるが頭の働きが追いつかない、わかっているはずの答えが浮かばないなどの状態におちいりやすい傾向にあります。緊張しすぎてドギマギする、一生懸命になればなるほどかえって手足がスムーズに動かない、とっさの応答がうまくできない、といったこともあります。
　また、検査を受けた日に、なにかの理由で気力や意欲が不足している状態にあったり、気分が沈んでいたりした場合にも、検査結果に軽度の「大きい落ち込み」が見られる場合もあります。

●「大きい落ち込み」が顕著な例

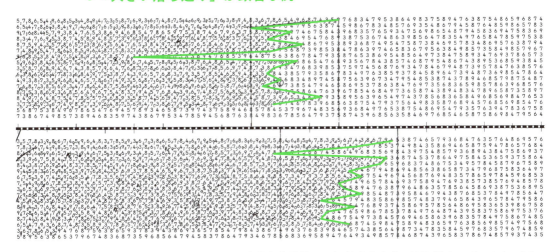

　前期中央部の落ち込みは平均的な作業量の1/2以上もあり、大変、際立っています。また、後期3分目にも、前期ほど大きくはありませんがはっきりした落ち込みが認められ、この図では見にくいのですが、訂正も見られます。
　このように、落ち込みがある行には、記入もれ・誤答・訂正があることが多く、「大きい落ち込み」かどうかを判定する際の目安となります。以上のことから、この例には顕著な「大きい落ち込み」が表れていると判定されます。
　【性格・行動面での特徴】としては、一時的に放心状態となったり、過度の緊張状態やりきみなどから思考・作業がストップしてしまう傾向があると考えられます。

●「大きい落ち込み」が軽度な例

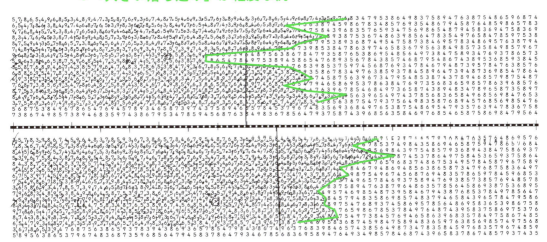

　ここでいう「大きい落ち込み」とは、前期中央部の2行にわたる落ち込みです。U字の底をつく場所と見ると、深さはそれほど大きいとはいえませんが、落ち込みの量は前期平均作業量の1/4程度に及んでいます。ここでは、全体の検査結果から見た相対的な落ち込みの深さから、「非定型」の「大きい落ち込み」にあてはまると判定されます。
　【性格・行動面での特徴】としては、上の例と同様に、一時的な放心状態・作業の中断の傾向があると考えられますが、その程度は軽いといえます。また、なにかの理由があって、その日の気分が沈んでいた可能性も考えられます。

タイプ3　大きい突出

●判定のポイント

　作業曲線の一部で1行だけ作業量が急激に増加していて、すぐにまた増加前の水準にもどっているときに「大きい突出」があると判定されます。突出は高さ（作業量の増加量）や回数などで程度を判別しますが、「大きい落ち込み」と違って、増加前の水準の1/3を超える突出は能力的にほとんどあり得ないので、突出の回数や表れ方に、より着目します。

　ただし、作業量の変動を「大きい突出」と見るか、タイプ4の「はげしい動揺」と考えるかについては、注意が必要です。この場合、「大きい突出」には、次の2つの特徴を示すことがあるということを考慮して、判定されます。

❶「突出」が普通考えられない箇所で、その他の曲線部分に見られる「動揺」による作業量の変化を著しく越えている。

❷「突出」のある行に誤答や答えの記入もれが目立っていたり、文字が乱雑になっている。ただし、前期・後期の1行目の作業量が抜き出ていることは、典型的「定型」の特徴のひとつなので、「大きい突出」にはあてはまらない。

●性格・行動面での特徴

「大きい突出」を示すときは、気持ちや動作が一時的に高ぶりやすい傾向（または状態）にあります。勝ち気・強気な性格で、しゃくにさわりやすく、時として自分でも思いがけない言動にでやすい傾向にあります。たとえば、唐突に激情したり、派手な振る舞いをする、度をこした虚勢を張る、強気一点張りになるなどです。

　また、作業曲線の突出部分の行に誤答がみられる場合は、抑制を欠いた衝動的な行動をする性格であると考えられます。

　普段は内気でおとなしい人が「大きい突出」の「非定型」の曲線を示した場合、日頃おさえている不満が徐々にたまり、ささいなきっかけで爆発して、いつもの様子からは考えられないようなはげしい行動を示すようなケースもあります。

● 「大きい突出」が顕著な例

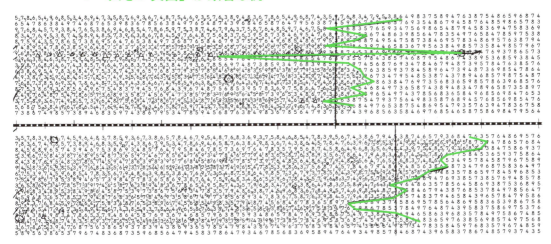

　前期中央部に目立つ突出があります。突出の高さも高く、全体の作業曲線の形から見るとかなり不自然で、突出した行には1つおきの答え漏れが認められます。このように、突出がある行には答え漏れや誤答が集中することが多く、「大きい突出」かどうかを判定する際の目安となります。
　以上のことから、この例には顕著な「大きい落ち込み」が表れていると判定されますが、誤答の発生状態からして、タイプ1の「誤答の多発」にもあてはまるともいえます。
　【性格・行動面での特徴】としては、気持ちがたかぶりやすい性格であると考えられますが、答え漏れの発生状態から、自己を抑制することが難しい傾向にあるとも考えられます。

● 「大きい突出」が軽度な例

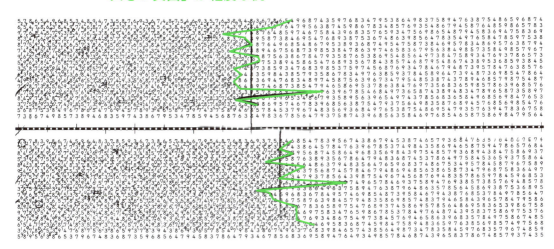

　前期後期ともに1か所の突出が認められます。突出の高さ自体はそれほど高いものではありませんが、横ばいの中での突出が不自然で、作業曲線の形が「定型」の曲線とはかなり違った感じになっています。突出の出方に不自然さが目立つということは、「非定型」と見なされる重要なポイントなので、この例も「大きい突出」に判定されます。
　しかし、「大きい突出」の程度は軽く、【性格・行動面での特徴】としては、日頃おさえている気持ちがうっ積しやすい傾向にあると考えられます。

タイプ4　はげしい動揺

●判定のポイント

行によって作業量の差が大きく、作業曲線の凹凸がかなりはげしい場合、「はげしい動揺」があると判定されます。ただし、作業量の変動を「はげしい動揺」と見なすか、タイプ2の「大きい落ち込み」、タイプ3の「大きい突出」と考えるかについては、注意が必要です。

この場合、次の2点が「はげしい動揺」と判定されるキーポイントとなります。

❶ 大きい変動が1、2行おきに繰り返されている。
❷ 大きい変動によって曲線の「定型」（前期がU字型、後期が右下がりなど）の形が失われている。

作業曲線が小刻みな変動を繰り返していたり、さほど大きくない変動が部分的にはあるが、「定型」の曲線をくずしているほどでなければ、「はげしい動揺」にはあてはまらず、「定型」のくずれと解釈される場合もあります。

また、大きい変動の箇所が少なく、部分的にある場合は、タイプ2の「大きい落ち込み」、タイプ3の「大きい突出」のどちらかの「非定型」に判定されます。

●性格・行動面での特徴

「はげしい動揺」を示すときは、情緒不安定な傾向（または状態）にあり、気分や感情の浮き沈みが激しく、言動が極端に変わりがちな性格です。たとえば、多弁で行動が活発だったかと思うと、次には黙りこんでおとなしくなったり、物事に敏感で感傷的だったのが、いつのまにか鈍感で無感動的に変わったりします。

しかし、人によっては示される性格・特徴も少しずつ違い、おおむね次の4種類に分けられます。

❶ 勝ち気で感情的、ムラの多い性格である。
❷ 気分の波が大きく、躁状態と鬱状態が周期的に訪れる。
❸ 物事に過敏で、度を越して感傷的になりやすい。
❹ 予測しがたい行動をとったり、発言をしたりする。

また、作業曲線に比較的小さな変動が繰り返し見られるときは、「はげしい動揺」の「非定型」にはあてはまらないものの、緊張しすぎたり、細かいことを気にしやすく、騒音・温度・道具・体調などの影響を受けやすい性格であるとも考えられます。

● **「はげしい動揺」が顕著な例**

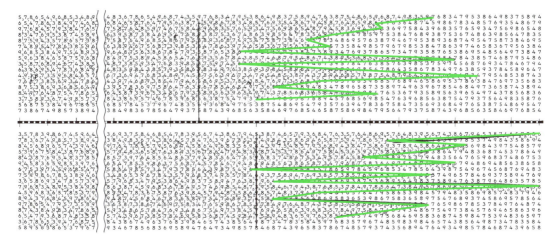

　極めて大きな作業量の変動が繰り返されており、「はげしい動揺」が明らかに見られる例です。このような作業量の凹凸は、大きい突出、あるいは大きい落ち込みが多発しているとも見えますが、作業曲線からは一貫した傾向を読み取りづらく、タイプ2の「大きい落ち込み」とタイプ3の「大きい突出」のどちらの曲線ともまったく違った形になっています。
　【性格・行動面での特徴】としては、感情の起伏がかなり激しいと考えられ、情緒が不安定な傾向にあり、人によっては躁状態と鬱状態がはっきりと表れたり、予測がしがたい行動にでる場合があるといえます。

● **「はげしい動揺」が軽度な例**

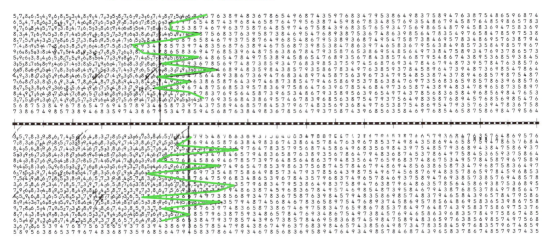

　作業量のわりに作業量の増減が大きく、また、数も多くなっています。ただ、上の例と比べると、「定型」の基本的な傾向をある程度認めることができます。このことからも、「はげしい動揺」にはあてはまるものの、「非定型」としての程度は軽いといえます。
　以上のことから、【性格・行動面での特徴】としては、感情にムラがあり、時として感傷的になりやすく、情緒がやや不安定な傾向にあると考えられます。

タイプ5　動揺の欠如

●判定のポイント

　作業量の変動がきわめて小さい場合、「動揺の欠如」と判定されます。 その際、変動の幅と表れ方に注目する必要があります。動揺は、ある程度の範囲までならむしろ「定型」、すなわち健康状態と見なされますが、大きすぎるとタイプ4のように「はげしい動揺」の「非定型」と見なされ、逆に小さすぎると、ここでいう「動揺の欠如」に判定される微妙な心理判定要素です。「動揺の欠如」と判定されるのは、次の4つの特徴のいずれかにあたる場合です。

❶ 何行も連続して作業量が同じで、作業曲線が一直線もしくはそれに近い形になっている。

❷ 作業曲線全体の範囲がせまく、曲線が横ばいになっている。

❸ 作業量が一貫して増加もしくは減少しており、作業曲線が一直線もしくはそれに近い形になっている。

❹ 作業量が増加傾向から一転して減少傾向になり、作業曲線がきれいな山型になっている。または逆に、作業量が減少傾向から一転して増加傾向になり、作業曲線がきれいなお椀型になっている。

　作業曲線が横ばい気味で変動が小刻みであっても、曲線の全体の範囲がそれほどせまくなく、平坦部が少なくて「定型」の曲線をくずしているほどでなければ、「動揺の欠如」には当てはまらず、「定型」のくずれと解釈したほうがよい場合もあります。

●性格・行動面での特徴

　「動揺の欠如」を示すときは、物事に感動することが少ない、あるいは反発や不熱心な傾向（または状態）にあります。とかく物事に対して冷ややかでよそよそしい傍観者的態度をとり、自分のことも他人事のようになりやすい傾向にあります。これは何事にも興味や関心がうすく、あるいはごく限られたことだけに関心をもつ性格によるもので、この度合いが強くなると、生き生きしたところが失われて表情も乏しくなりがちです。また、しゃべり方もあまり口を動かさず抑揚のない感じで、動作も緩慢・不活発といえます。

　人によっては物事に対して軽蔑的で不熱心な態度をとり、考え方も非建設的で、不平・不満・虚無的な姿勢が目立つときもあります。普段はそうでなくても、一時的にくさった気持ちや反抗心から、このような状態になることもあります。

　「動揺の欠如」が軽い場合は、地味でのんびりしており、ねばり強い反面、素早い適応や、変わり身がききにくいといった傾向の性格だと考えられます。

●「動揺の欠如」が顕著な例

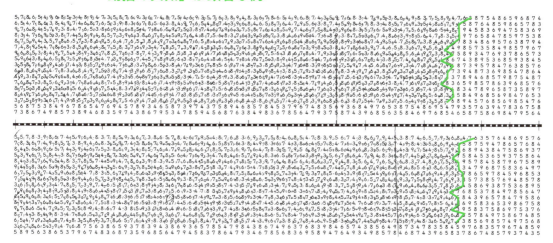

　前期・後期とも、作業曲線が横ばい傾向で、全体的に凹凸が少ない平坦な形になっています。曲線の範囲もせまくて、Ⓐ段階としては極端に作業量の変動が少なく、典型的な「動揺の欠如」の例といえます。また、「定型」の特徴のひとつである、前期に対する後期の作業量の上回りがほとんど見られないのも、この「非定型」の判定のポイントになっています。

　【性格・行動面での特徴】としては、生き生きとしたところがなく、動作も緩慢になりがちだといえます。また、人によっては虚無的な姿勢が目立つこともあります。

●「動揺の欠如」が軽度な例

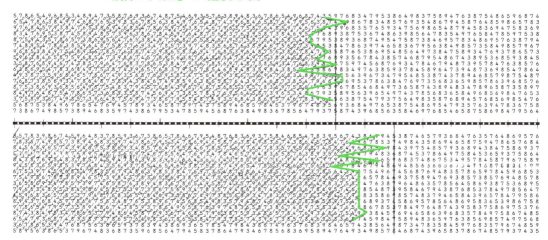

　後期に7分間にわたる平坦部分が認められ、作業曲線の範囲もせまいといえます。しかし、上の例と比べると、前期の作業曲線の基本的傾向は「定型」の形をそれほど大きくくずしておらず、後期についても平坦部を除けば「定型」の特徴をかろうじて保っているともいえます。

　以上のことから、「動揺の欠如」という「非定型」ではあるものの、その程度は軽いといえます。

　【性格・行動面での特徴】としては、活発なタイプとは言いがたく、傍観者的で、熱心さに欠けるところがあると考えられます。また、人によっては、ねばり強くじっくり物事にあたる反面、臨機応変に対処するのが苦手なタイプの場合もあります。

タイプ6　後期作業量の下落

●判定のポイント

「定型」の曲線では、後期の作業量は前期より上回っている必要があります。これとは逆に、**後期の作業量が前期より下回っていると「後期作業量の下落」と判定されます。**

「後期作業量の下落」は次の3つの点について考慮され、総合的に判断されます。

❶ 後期の平均的作業量が前期のそれよりも少ない。
❷ 後期の最低作業量が前期のそれよりも少ない。
❸ 後期の最高作業量が前期のそれよりも少ない。

前期・後期の作業曲線のそれぞれを見ると、各々が「定型」の要素を満たしていても、前期と後期の比較で、上の❶～❸のように後期の作業量が前期より少なければ、「非定型」の「後期作業量の下落」にあてはまることになります。

しかし、前期・後期の作業量がほぼ同じ水準のときは、後期の作業量の上回りがないといえますが、ここでいう「後期作業量の下落」にはあてはまりません。

●性格・行動面での特徴

作業曲線に「後期作業量の下落」が見られるときは、気力が衰弱している状態にあり、次の3つのケースが考えられます。

❶ 精神的に意志の弱さがある。
❷ 疲労回復する力が低下しているなど、身体的な弱さがある。
❸ 何かに絶望している、あきらめているなどの複雑な心理が根底にある。

原因が上記❶～❸のどれかの心理状態や健康状態にあっても、いずれにしても**目的をもって行動を成し遂げようとする気持ちが弱い状態にあるといえます。**

「後期作業量の下落」が軽度の場合は、やろう、がんばろうという気持ちはあっても、実際にはバテ気味だったり、グロッキー状態だったりして、身体がそれについていけない状態にあるとも考えられます。

● 「後期作業量の下落」が顕著な例

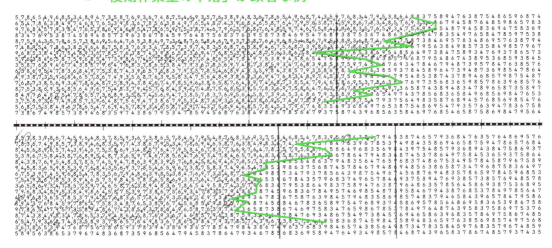

　後期の平均、最低、最高それぞれの作業量が揃って前期を明確に下回っています。また、前後期ともに作業量は一貫して減少傾向にあり、これは「後期作業量の下落」という「非定型」の典型的な特徴といえます。
　【性格・行動面での特徴】としては、物事を最後までやり遂げようという精神的な力強さがたりない傾向にあります。一時的な身体の不調や心理状態からこういった検査結果がでることもありますが、いずれにしても、その程度は重いと考えられます。

● 「後期作業量の下落」が軽度な例

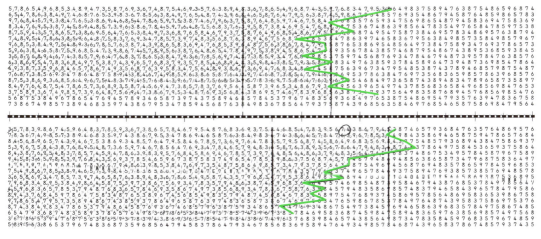

　後期の作業量の最高位は前期のそれを上回っており、平均的作業量も前期・後期で同程度の水準にあるといえます。しかし、後期後半部の曲線の下降傾向が顕著で、作業量の最低位を比べると、前期より後期の方が明らかに下がっていますので、軽度な「後期作業量の下落」が見られると判定されます。
　【性格・行動面での特徴】としては、やや意志の弱さが表れているといえます。しかし、場合によっては身体的疲労状態などから思うように作業が進まず、こういった検査結果がでることもあります。

タイプ7　後期初頭の著しい出不足

●判定のポイント

典型的な「定型」の曲線では、後期初頭部の作業量は、前期・後期を通して最も多くなります。この**後期初頭部の作業量が、後期の中で最低だったり、前期・後期を通して低いレベルにあるような場合、「後期初頭の著しい出不足」という「非定型」に判定されます。**

ただし、後期初頭部の作業量が低くても、作業曲線の全体的傾向から見て、作業量の変動が大きく、動揺の大きな曲線の一部と判断した方がよい場合もあります。「後期初頭の著しい出不足」の判定では、とくに次の2つの点に注意します。

❶ **後期初頭部の作業量が、前期終末部に比べて少ない。**
❷ **後期初頭部の作業量が、前期の平均的作業量に比べて少ない。**

後期初頭部の作業量不足の程度が小さく、「定型」と判断するか、「後期初頭の著しい出不足」とするかどうかを迷うような場合、前期の初頭部の作業量を参考にします。このとき、前期初頭部の作業量も同じく少なければ、「後期初頭の著しい出不足」にあてはめます。

●性格・行動面での特徴

「後期初頭の著しい出不足」を示すときは、気乗りするのが遅く、取りかかりが鈍い傾向（または状態）にあります。気分が重い、物事がおっくうである、やろうという気持ち・意欲がわきにくいなどの性格的特徴があり、行動全般が遅く、鈍い傾向にあるといえます。また、どこかしら不機嫌そうな感じや、内にこもる面が表れることもあります。

仕事に関しては、気乗りするのが遅い、取りかかりが悪い、新しい仕事に慣れない、仕事の選り好みがはげしい、仕事をのばしのばしにする、上司や同僚などからの命令や頼まれごとをこばんだりする、といった傾向が見られがちです。

対人関係でも社交性が乏しく、無愛想で、親しみにくく、他人から偏屈な人間と思われがちです。

また、人によっては、とっさの応答にドギマギしてあわてたり、臨機応変な行動ができにくかったりして、鈍重なイメージを与えることもあります。

●「後期初頭の著しい出不足」が顕著な例

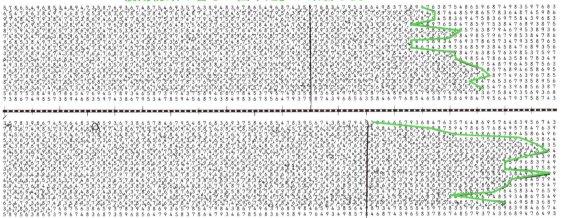

　後期初頭の作業量の少なさは不自然に見えます。また「定型」の曲線では、後期初頭部の作業量は全期を通して最大になりますが、この例では明らかに最低水準にあります。前期初頭も低位置にあることから、「後期初頭の著しい出不足」が顕著であるといえます。
　【性格・行動面での特徴】としては、意欲がわきにくく、腰が重い。社交性も乏しく、頼まれごとを拒否しがちで、はなはだしい場合は行動全般が遅く、他人に鈍重なイメージを与えがちです。

●「後期初頭の著しい出不足」が軽度な例

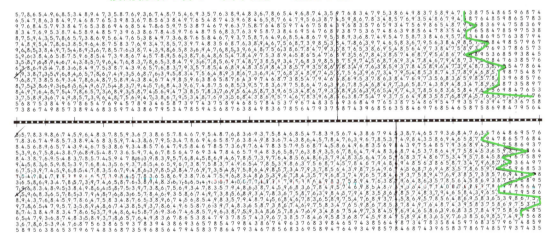

　前後期とも作業曲線が上昇傾向にあり、後半部に作業量が最大になっている点が、後期初頭の出不足を目立たせる結果になっています。しかし、後期初頭部の作業量を前期と比較すると、前期終末部より少ないが、前期の平均的作業量より上回っていることが認められます。
　以上のことを考え合わせると、「非定型」ではあるものの、「後期初頭の著しい出不足」の程度は軽いといえます。
　【性格・行動面での特徴】としては、新しいことに取り組んだり、挑戦したりすることが少ないといえます。臨機応変に対処することが苦手な性格であると考えられます。

タイプ8　作業量の著しい不足

●判定のポイント

作業量段階は、Ⓐ～Dの5段階に分けられています。作業量段階がⒶ～Cの水準にあるときは、作業曲線の「非定型」の判定は、これまでタイプ1～7で見てきたように、作業量自体にはあまり関係なく、作業曲線の形、すなわち作業量の「変化」に基づいておこなわれます。

しかし、**作業量が最低のD段階にあるときは、その作業量の低さのみで「作業量の著しい不足」という「非定型」に判定されます。** 典型的な「定型」の特徴の6番目にある「作業量が極端に低くない」というのは、作業量がD段階にないことを意味しています。

また、作業量がC段階にあるときは、ここでいう「作業量の著しい不足」にあてはめることはできませんが、作業量の低さが「非定型」に近いということができます。同じように、作業量がB段階にあるときも、「作業量がやや不足している」といえます。その意味では、作業量にまったく不足がないといえるのは、Ⓐ段階とA段階の2段階ということになります。

●性格・行動面での特徴

「作業量の著しい不足」を示すときは、**基礎能力が低く、物事の上達が遅い傾向にあります。** 一般的に、理解力が乏しく、基礎能力が低いといえます。

そのため、次の3つの特徴があります。

❶ **物事に対する習熟が遅い。**
❷ **変化に対する順応性が低い。**
❸ **学習や訓練による上達が遅い。**

また、**即効性や積極性が著しく欠けていることが多く、その場の状況に応じた対処をしたり、自ら進んで行動を起こしたりすることができにくい傾向にあります。**

「作業量の著しい不足」の「非定型」と判定される人の一部には、通常の社会生活に適応できないケースも見られますが、軽度の場合は、仕事でも容易で単純な作業なら、慣れればかなりの程度までこなせるようになる場合もあります。

● 「作業量の著しい不足」の例　その1

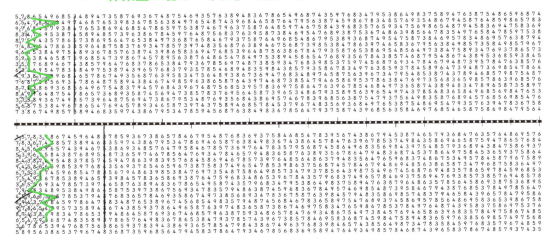

● 「作業量の著しい不足」の例　その2

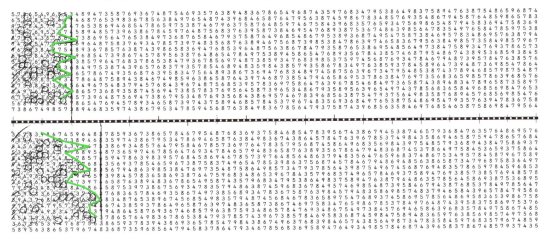

　上の2つの例のように作業量がD段階にあるときは、曲線の形がこれまで見てきたいずれの「非定型」の特徴をもっていても、「作業量の著しい不足」という「非定型」にあてはめられます。つまり、作業量が極端に不足している場合は、さまざまな性格的特性を診断される以前に、基礎能力がはなはだしく低いと判定されるわけです。

　たとえば、上の例2では誤答の多発が見られますが、この検査結果は「誤答の多発」とは判定されず、まず「作業量の著しい不足」にあてはめられます。とくに「作業量の著しい不足」での誤答は性格面よりも能力面の表れとして取り扱われる場合があるからです。

　したがって、【性格・行動面での特徴】では、能力的に問題があり、学習や訓練による習熟・上達が遅く、場合によっては社会生活に適応できないケースもあるとされています。

タイプ9　その他

●**判定のポイント**

その他の「非定型」には、主として次の3通りのケースがあります。

❶ 曲線範囲の過大

作業量の最大の行と最小の行の差がはげしく、作業曲線が極端に広い場合。「曲線範囲の過大」を示す例では、前期・後期とも行を追うにしたがって作業量が低下し、文字が乱れがちで、タイプ4の「はげしい動揺」やタイプ6の「後期作業量の下落」をともなうこともしばしばです。ただし、典型的な「定型」の曲線の初頭部がとび抜けて多いだけの場合は、「曲線範囲の過大」と一概には判定できません。

❷ 文字の判読困難

途中の行から文字が乱れて答えが読めなくなっていたり、文字が薄れて判読困難な場合。1行だけの場合も、数行もしくは全体に判読が困難なときも、すべて「文字の判読困難」と判定されます。

❸ 作業放棄

途中で検査を止めてしまっている場合。しかし、一時的な心身の不調から作業ができなくなったようなケースは、「作業放棄」にはあてはまりません。

●**性格・行動面での特徴**

❶ 曲線範囲の過大 → 影響を過度に受けやすく、持久力が不足している

気遣いや先のことを心配しすぎたり、空気の汚れ、騒音、体調不良などの影響を受けやすく、持久力や頑張りがたりない傾向にあります。また、軽率で思慮が浅く、すぐに行動に移すタイプの人にも「曲線範囲の過大」が見られることがあります。

このタイプは物事に飽きやすく、すぐに物事を見切って投げだしがちです。また、情緒が不安定でときとして予測しがたい行動にでることもあります。

❷ 文字の判読困難 → 心身をコントロールする機能が乱れやすい

誰しも作業を続けていくうちに、興奮や緊張、あせりすぎで読みにくい文字を所々で書いてしまうことはありますが、**判読できない文字が多数でてきたり続いたりするのは、コントロール機能が混乱していると判定されます。**または、検査自体がばかばかしくなって、いい加減にやり始めたと捉えられることもあります。

❸ 作業放棄 → 緊張状態に耐えられない傾向にある

身体的、あるいは精神的な弱さから緊張状態に耐えられず、物事を継続しておこなうことが難しいといえます。ただし、検査の途中、腹痛や頭痛などの身体的不調で作業を中断した場合はあてはまりません。

● 「曲線範囲の過大」の例

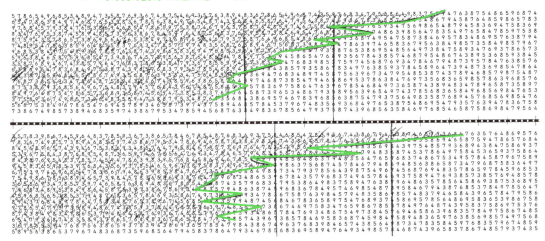

　前期・後期とも、初頭部の作業量が抜き出ていて、行を追うにしたがって著しく減少しています。作業曲線全体が極端に広く、典型的な「曲線範囲の過大」の例といえます。
　また、この図からは見えにくいのですが、曲線が下降するのにつれて文字が乱れがちになっていることも、このタイプの「非定型」の特徴のひとつです。
　【性格・行動面での特徴】としては、環境の影響を受けやすく、情緒が不安定で、持久力がたりない傾向にあります。また、飽きっぽくて、物事を途中で投げだしやすい性格の人にも、こういった検査結果がでることもありますが、いずれにしても最後まで事を遂行することができないタイプと考えられます。

● 「文字の判読困難」の例

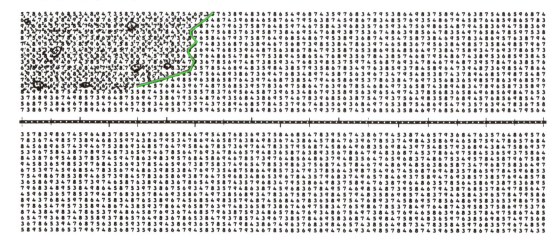

　検査が1桁の数字どうしの足し算で、かつ記入する文字が0〜9までの1つの数字であることを考えれば、読めないような文字が続いていること自体に、なんらかの心理的要素が働いていると考えられます。

　緊張に耐えられない、興奮状態が過度に極まる、あせると抑制がきかなくなるなどの原因も推測されますが、いずれにしても「文字の判読困難」の例は極めてまれですので、【性格・行動面での特徴】を正確に判定するには、さらにくわしい検査が必要な場合が多いといえます。

● 「作業放棄」の例

　作業を途中で放棄してしまっている場合、それが心理的な要素によるものか、単なる体調不良に原因があるのかは、検査結果だけを見てもわかりません。上の例でも、作業を突然ストップした原因が、単に便意をもよおしてそのまま作業を続けられなくなったのだとしたら、「非定型」に当てはめることはできません。

　ただし、それが緊張やプレッシャーなどによるものであれば、「作業放棄」という「非定型」と判定されます。「非定型」と判断された場合、【性格・行動面での特徴】としては、精神的弱さを指摘され、物事を継続し遂行できない傾向にあると考えられます。

column 2 安全管理

日本の鉄道の安全神話を支える

　日本の鉄道といえば、その安全性と正確性が世界的に有名です。でも、そんな日本の鉄道にも、たくさんの人が亡くなるような大事故が多発していた過去があるのをご存じでしょうか。

　戦後間もない1948年ころ、当時の国鉄では重大な責任事故が多発し、ついにGHQからも改善勧告がだされるほどでした。そこで国鉄が注目したのが、事故頻発者の存在です。どうも事故は偶然おこるのではなく、事故を繰り返しおこす人がいるようだという見立てのもと、事故頻発者の予測をいろいろと試みました。

　そのときに事故頻発者と相関がみられたのが［内田クレペリン検査］でした。［内田クレペリン検査］を適性検査として導入したことが功を奏し、年間1,400件以上あった責任事故は、その後数年で300件以下にまで減少しました（もちろん、適性検査以外の取り組みも含めた総合的な効果です）。いまでも、内田クレペリン検査は国土交通省の省令に実施を定められ、日本の鉄道の安全を支え続けています。

採用時の選抜だけでなく、定期的なチェックで効果が上がる

　安全管理で使用するときのコツは、採用時の選抜で適性を判定するだけでなく、その後も定期的に検査を実施して「仕事ぶり」の変化をチェックしていくところにあります。

　最近、高齢者による交通事故が社会問題化しているように、加齢によってわたしたちの作業スピードや判断力は衰えていきます。また、うつ病のような心理的な不調の状態に陥ると、いろいろな判断力が低下してしまいます。定期的に検査を実施することで、そういった変調をチェックして事故の発生を減らしていくことができます。鉄道業界では、長年にわたり、3年ごとの定期検査が義務化され、いわばストレスチェックの先駆けのような仕組みで運用されてきました。

バスや宅配便、工場での事故の防止から自衛隊まで使われている

　鉄道業界における安全管理への活用方法はバスや宅配便などの運輸業はもちろん、工場での事故防止など、他の業種にも広がっていきました。民間の企業だけでなく、自衛隊でも入隊した隊員に対して内田クレペリン検査が実施されています。戦車、潜水艦、戦闘機といった、より高い安全性が求められる乗り物の運転適性を測るだけでなく、さまざまな配置の資料として活用されています。

　身体を使った作業をともなう仕事において、［内田クレペリン検査］の「仕事ぶり」の予測性は、他の心理検査に比べて特に高いといえるでしょう。安全管理の目的で検査を導入することで、事故を起こしにくい（発生する確率が低い）集団をつくることができます。

column 3　メンタルヘルス

医療の現場から生まれた心理検査

　ご存じでしたか。［内田クレペリン検査］はもともと精神医療の現場から生まれた検査なのです。日本では、産業界において適性検査として広く普及するというユニークな歴史をたどりましたが、その一方で、いまでも医療現場では、ほかの検査には代えられない検査として活躍しています。ですから、［内田クレペリン検査］は診療報酬の対象となっており、医療現場で使用されたときは、ちゃんと保険が適用されます。

　精神医療というと［内田クレペリン検査］を精神疾患と結び付けてイメージする方もいるかもしれません。最近では［内田クレペリン検査］で「サイコパス傾向」が見分けられるといった誤解も散見されます。しかし、そもそも精神疾患は専門の医師の総合的な判断によってはじめて診断されるもので、［内田クレペリン検査］は精神疾患を診断できるものではありません。

　この数年、［内田クレペリン検査］が利用される機会が増えてきたのが、働く人のメンタルヘルスの領域です。メンタルヘルスの問題の多くが、働き方と深くかかわっていることが明らかになってきていますが、産業と医療の両分野で長年使用されてきた［内田クレペリン検査］は、両方の分野をつなぐ「共通言語」になりうるポテンシャルを秘めているといえます。

復職から再休職予防のアセスメントに

　メンタルヘルスの問題にあたっては、まずは国の主導でストレスチェック制度が導入されました。この制度は「一次予防」といって、メンタルヘルスが不調になりつつある人を早めに発見して対応することを、主な目的としています。一方で、［内田クレペリン検査］が利用されているのはちょっと別の局面です。具体的には、もう少し不調が進んでしまい、一時的に長期休暇に入ってしまった人の回復過程をチェックする目的で使用されることが多いようです。

　おもに医療機関がリワークと呼ばれる復職準備プログラムのなかで使用するケースや、人事部門が復職の可否や復帰計画を立てる際の参考資料として使用されています。これまでの研究で、一度、長期休職に至った人は、再発／再休職しやすいことがわかってきています。そのため、この段階を丁寧に対応することで、再発／再休職を予防（三次予防）していくことが大切といわれています。この復職から三次予防の段階で、内田クレペリン検査が使用されることが増えてきています。

第3章

就職適性は こう判定される！

作業量で判定される基礎能力の水準

作業量の意味づけ

　［内田クレペリン検査］の3つの判定基準の、作業量、誤答の数や出方、作業曲線の形のうち、**受検者の頭の回転の速さ、すなわち基礎能力を判定する基準が作業量の大小です。**検査結果の判定がおこなわれる場合、まず、この作業量がどの段階にあるかから見ていきます。

　作業量は「知能」「仕事（作業）の処理能力」「積極性」「活動のテンポ」「意欲」「臨機応変な処理能力」などの高低と深い関係があります。すなわち「作業量が多い学生ほど、会社・役所に入った後、ばりばり仕事をこなし、創造力を働かせ業績を上げていく可能性が高い」、企業・自治体の採用担当者ならそう考えるのも無理はありません。もちろん、その後で作業曲線が「非定型」の特徴を示していたり、計算間違いが多いなどの問題点がでてくるとマイナス要因になります。
　しかし、まずこの作業量がどの段階に入るかによって、能力がどの程度かが評価されることになります。

作業量から見える潜在的な基礎能力

　作業量の水準の段階分けの表を再度、見てみましょう。
　段階別の評価を見ると、Ⓐ段階では「水準が高く」、A段階では「不足がない」、そしてそれ以外の水準では「不足している」との評価がくだされていることがわかります。前章で「非定型」の作業曲線の例を検証し、それらがどのような性格・行動面での特徴を示すと判断されるのかを明らかにしました。しかし、その曲線判定の前に、作業量がB段階より下にあると、採用する側の企業・自治体としては、能力的にものたりないと見なすかもしれません。

作業量の区分量

量級段階	前期作業量	前期作業量
Ⓐ段階	55以上	65以上
A段階	40〜55	45〜65
B段階	25〜40	30〜45
C段階	10〜25	15〜30
D段階	10以下	15以下

能力の評価

量級段階	物事の処理能力や速度(テンポ)などの傾向
Ⓐ段階	水準が高い
A段階	不足はない
B段階	いくらか不足
C段階	かなり不足
D段階	はなはだしく不足

　もちろん、作業量は単に多ければよいというわけではありませんが、能力評価という意味では、作業量である種の選別がおこなわれる可能性があるのです。見方によっては、**一般常識や専門分野の知識量を見る学力検査より、[内田クレペリン検査]による作業量の判定のほうが、その人が潜在的にもっている基礎能力を測ることができるので、将来性などを考えると、より重要であるともいえる**からです。

作業量段階の区分

作業量がはっきりとA段階に入っている例

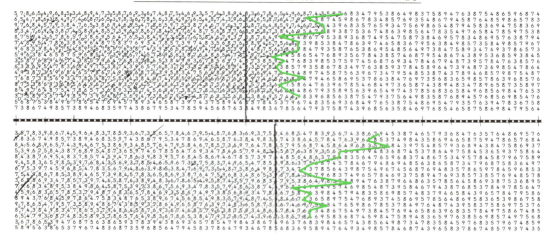

あいまいな作業量の段階の決め方

　実際の検査結果では、前図のように、作業量が必ずしも明確にⒶ〜Ⓓ段階のどれかの水準におさまっているとは限りません。というよりも、作業曲線がA段階とB段階にまたがっていたりして、その段階が1つに決めにくかったりすることのほうが多いといえます。

　この作業量の段階が1つ違うだけで（たとえばA段階と判定されるかB段階に入れられるかによって）、「基礎能力」に対する評価がかなり違ってくるだけに、［内田クレペリン検査］では、作業量の判定が紛らわしいケースについては、次のように取り決められています。

❶ 作業曲線の位置が前期と後期で異なった段階にあるとか、2段階にまたがっている場合は、作業量の多い、高いほうの段階に入れる。ただし、少なくとも、前期もしくは後期のどちらかで、作業曲線の大半がその高い段階に属していなければならない。

❷ 誤答の多発の場合は、上記❶の判断は適用せず、誤答が比較的少ない行（正答がほとんどの行）を見て、それらの行がどの段階に入るかによって段階を決める。

❸ 作業曲線が前期・後期とも3段階にまたがっている場合は、おおむね中間の段階に判定する。

❹ 作業曲線に「大きい落ち込み」や「大きい突出」がある場合は、それを除いた他の行を見て段階を決める。

　では、次ページから、作業量の段階があいまいなケースで、実際にどのように判定されるかを見てみましょう。

作業量がⒶ段階と判定される例（ⒶとAにかかる場合）

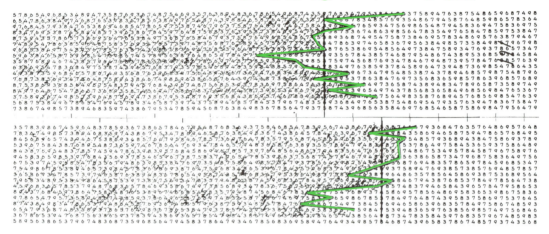

　前期・後期とも、作業曲線はⒶとA段階の境界あたりにありますが、**前期は中央部の「落ち込み」を除けば、ほかの行はほとんどⒶ段階に入っています。**この「落ち込み」を突発的なものと見れば、前期はⒶ段階を維持しているといえます。
　また、**後期は作業量が前期に比較して「上回り」が不足しているため、A段階に食い込んでいるとみなします。**

作業量がA段階と判定される例（ⒶとAにかかる場合）

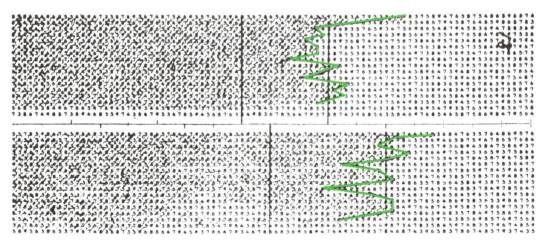

　前期・後期とも、作業曲線がⒶ段階にまで達している行もありますが、**大半はA段階の水準にとどまっています。**したがって、Ⓐ段階を維持しているとはいえず、A段階と判定されます。

作業量がB段階と判定される例（BとCにかかる場合）

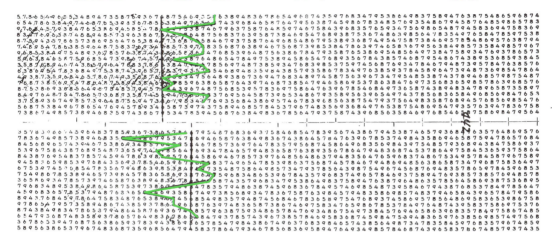

後期は作業曲線の大半の部分がC段階にありますが、前期と同じB段階に達しているところもあり、それを維持できると見なすほうが妥当とされます。本来、「定型」の曲線なら後期の作業量が前期を上回りますので、後期の下落した水準は「非定型」の特徴とはいえ、その「非定型」要素からC段階とするのは誤りとされます。

作業量がC段階と判定される例（誤答が多発している場合）

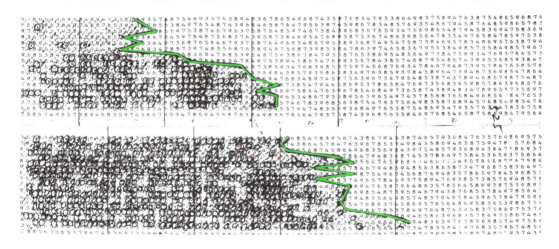

前期中央部から急に誤答が増えている、「誤答の多発」の「非定型」の著しい例です。このような検査結果の場合、後期の作業量がA段階に入ってはいるものの、それら誤答の多い行の作業量は参考にされず、前期初頭部の正答がほとんどの行の水準から判断し、C段階とみなされます。

作業曲線による24のタイプ

24タイプに振り分けられた符号が表すもの

　これまで見てきたように、［内田クレペリン検査］では、**まず作業量から「基礎能力」の水準が決定され、次に作業曲線の特徴や誤答の数や出方などから、「定型」と「非定型」とに判別**されます。そして、**最終的に「性格・心理状態」なども含めた総合的な判定がくだされる**わけです。この総合判定は、大きく24タイプに分けられます。

　この24タイプの判定結果それぞれには符号が付けられており、受検者を明確に分類しています。その区分の仕方は下図のとおりです。もちろん、「非定型」の場合はさらに9タイプに分類されますので、個別の判定はもっときめ細やかな内容になります。

24タイプ判定結果の分類

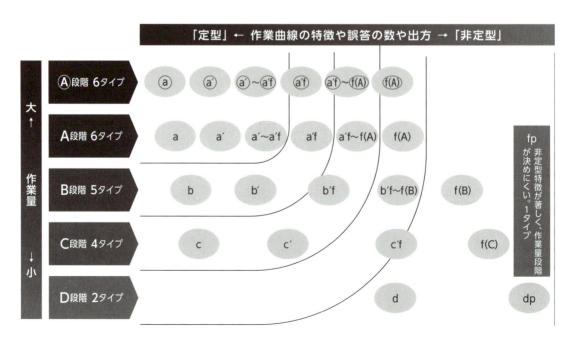

左上に近づくほど「無難な結果」

「24タイプ判定結果の分類」の図は、左上へいくほど作業量が多く、「定型」の特徴をよく備えており、逆に右下へ近づくほど作業量が不足し、「非定型」の特徴が強くでていることを示しています。つまり、一般的には左上に近づけば近づくほど「無難な結果」であるといえます。

たとえば、符号 ⓐ は、基礎能力が高く、性格・心理状態が健康な状態であることを表し、符号 dp は、基礎能力が不足していて、性格・心理状態に偏りや不健康な状態が疑われることを表しています。

また、符号 c についていえば、基礎能力はかなり不足しているが、性格・心理状態の面ではあまり問題はないということになります。

24の符号が語る「本質」

採用担当者が最も知りたい「その人らしさ」を判定

　検査結果には、作業量段階の区分けと「定型」「非定型」の判断から、前述の**24タイプの符号**が振り当てられます。このアルファベットを用いた符号は、受検者の「基礎能力」や「性格・心理状態」などの内面定な要素をどう判定するかについての情報を記号化したものです。
　つまり、この符号こそ、受検者の「本質」、言葉を換えれば「その人らしさ」を表すものなのです。そして、就職試験においては、企業・自治体の採用担当者が最も知りたい、採用・不採用の判断材料となるものといえます。

　では、具体的に、どのような検査結果がどのタイプと判断され、符号が振り当てられるのでしょう。
　ここからは、それぞれの符号と検査結果の関係、符号が意味する判定内容について見ていきます。ただし、作業量がⒶ段階とA段階ではともにタイプが6種類で、いろいろな点で共通する部分が多いので、この2つの段階のみ一緒に解説します。また、P.82〜P.105には、すべてのタイプごとに実際の検査結果の例をすべて掲載していますので、参考にしてください。

● 符号 ⓐ、a （→ P. 82、P. 88）

検査結果の特徴

「非定型」の特徴がなく、「典型的定型」の特徴を完備しています。
▶ 作業曲線の基本傾向（前期U字型、後期右下がりなど）に「定型」のくずれがまったくありません。
▶ 作業曲線の細部にも「定型」のくずれがまったくありません。
▶ 前期に対する後期の作業量の上回りにも過不足がありません。
▶ 誤答がまったくありません（文字は整然としており、行とばしもありません）。

判定内容

　物事の処理能力や作業の速度の水準が高く（aの場合は、不足はなく）、性格や行動面でもほどよくバランスがとれています。また、状況に応じて適切に対処することができ、臨機応変な行動をとることができます。

● 符号 ⓐ′、a′ （→ P. 83、P. 89）

検査結果の特徴

「非定型」の特徴がなく、「典型的定型」の特徴をおおむね完備しています。
▶ 作業曲線の基本傾向（前期U字型、後期右下がりなど）に「定型」のくずれがまったくありません。
▶ 作業曲線の細部には「定型」のくずれがありますが、1箇所程度でごく軽度です。
▶ 前期に対する、後期の作業量の上回りに過不足がほとんどありません。
▶ 誤答はまずありません（前期・後期の11行目のどちらかで、1～2個くらいある場合もあります。文字は整然としていますが、行とばしが1回だけあるときもあります）。

判定内容

　物事の処理能力や作業の速度の水準が高く（a′の場合は不足はなく、性格や行動面でもほどよくバランスがとれているといえます。また、状況に応じて臨機応変な行動がとれます。

● **符号** ⓐ′〜ⓐ′f、a′〜a′f（→ P.84、P.90）

検査結果の特徴

「非定型」の特徴はないが、「典型的定型」の特徴に次のようなわずかなくずれがあります。

▶ 作業曲線の基本傾向（前期U字型、後期右下がりなど）に「定型」のくずれがありません。
▶ 作業曲線の細部には軽度のくずれがあり、それが重複している場合もあります。
▶ 前期に対する、後期の作業量の上回りにあまり過不足がありません。
▶ 誤答はほとんどありません（あっても前期・後期の11行目を合わせて2〜3個程度です。文字にとくに乱れはなく、行とばしが前期・後期それぞれに1回ずつある場合もあります）。

判定内容

　物事の処理能力や作業の速度の水準は高い（a′〜a′f の場合は、不足はない）といえます。性格や行動面では、バランスのよさがやや失われ気味ですが、おおむね状況に応じた適切な行動をとることができます。

● 符号 ⓐ´f 、a´f （→ P. 85、P. 91）

検査結果の特徴

「非定型」の特徴はないが、「典型的定型」の特徴に次のような明らかなくずれがあります。

▶ 作業曲線の基本傾向（前期U字型、後期右下がりなど）に「定型」のくずれがありません。

▶ 作業曲線の細部には、明らかなくずれがあります。このくずれが重複している場合も多いといえます。

▶ 前期に対する、後期の作業量の上回りに著しい過不足はありません。

▶ 誤答はほとんどありませんが、前期・後期の11行目のどちらか、あるいは両方に4〜5個くらいある場合があります（文字にとくに著しい乱れはありませんが、行とばしが前期・後期合わせて2〜3回くらいがある場合があります）。あるいは、次の❶、❷のどちらかの特徴がしばしば見られます。

　❶ 作業曲線の基本傾向に明らかな「定型」のくずれがある。作業曲線の細部にもくずれはあるが重複はなく、そのくずれは「非定型」の特徴のどのタイプにもあてはまるものではない。後期上回りや誤答については、ほぼ上記に同じ。

　❷ 作業曲線の細部に著しいくずれがある。そのくずれは「非定型」の特徴のごく軽度なもので、作業曲線の基本傾向にはくずれがない。後期上回りにもあまり過不足なく、誤答もほとんどない（文字もとくに乱れていないが、行とばしが1回くらいある場合もある）。

判定内容

　物事の処理能力や作業の速度の水準は高い（a´fの場合は、不足はない）といえます。性格や行動面ではいくらか偏った傾向がありますが、普通程度で、ことさら問題にするほどではありません。

● 符号　ⓐ'f 〜 f(A)、a'f 〜 f(A)　(→ P. 86、P. 92)

検査結果の特徴

「非定型」の特徴はないが、「典型的定型」の特徴に著しいくずれがあります。あるいは、「非定型」の特徴がわずかに見られます。
すなわち、次の❶〜❸にいずれかの特徴を示しています。

❶ 作業曲線の基本傾向（前期U字型、後期右下がりなど）に著しい「定型」のくずれがあり、細部にも明らかなくずれが重複して見られる。これらのくずれは、「非定型」の特徴のごく軽度なものである。後期の作業量の上回りや誤答については a'f 程度の場合が多いといえる（文字の乱れが著しい場合があり、行とばしが3〜4回以上ある場合もある）。

❷ 「非定型」の特徴の1つが、軽度であるが明らかに見られる。

❸ 「非定型」の特徴のいくつかが、ごく軽度であるが重複している。

判定内容

　物事の処理能力や作業の速度の水準は高い（a'f 〜 f(A) の場合は、不足はない）といえますが、性格や行動面では独自性（個性）が強く、偏りが見られ、特異な言動や不適切な行動をとりやすい傾向にあります。

● 符号　f(A)、f(A)　(→ P. 87、P. 93)

検査結果の特徴

「非定型」の特徴が明らかに見られます。すなわち、次の❶、❷のいずれかの特徴を示しています。

❶ 「非定型」の特徴のひとつが顕著で、その程度が軽くない。

❷ 「非定型」の特徴のいくつかが重複しており、その程度も軽くない。

　また、上記の程度が著しい場合は、fp と判定されることもあります（P.81 参照）。

判定内容

　物事の処理能力や作業の速度の水準は高い（f(A) の場合は、不足はない）といえますが、性格や行動面では、とかく一方に偏りやすく、特異な言動や不適切な行動が目立ちます。

●符号　b（→ P. 94）

検査結果の特徴

「非定型」の特徴がなく、「典型的定型」の特徴を次のように完備、もしくはおおむね完備しています。

▶ 作業曲線の基本傾向（前期Ｕ字型、後期右下がりなど）に「定型」のくずれがまったくありません。
▶ 作業曲線の細部にも、「定型」のくずれがまずありませんが、ごく軽度に１箇所程度ある場合もあります。
▶ 前期に対する、後期の作業量の上回りにも過不足がほとんどありません。
▶ 誤答はまずありません（前期・後期の 11 行目のどちらかに、１～２個くらいある場合もあります。文字は整然としていますが、行とばしが１回だけある場合もあります）。

判定内容

　物事の処理能力や作業の速度などにいくらかの不足はありますが、性格や行動面ではほどよくバランスがとれているといえます。また、状況に応じて適切に対処することができます。

●符号　b'（→ P. 95）

検査結果の特徴

「非定型」の特徴はないが、「典型的定型」の特徴に次のようなわずかなくずれがあります。

▶ 作業曲線の基本傾向（前期Ｕ字型、後期右下がりなど）に「定型」のくずれがありません。
▶ 作業曲線の細部には軽度のくずれがあり、それが重複している場合もあります。
▶ 前期に対する後期の作業量の上回りに、あまり過不足がありません。
▶ 誤答はほとんどありません（あっても前期・後期の 11 行目を合わせて２～３個程度です。文字にとくに乱れはなく、行とばしが前期・後期それぞれに１回ずつある場合もあります）。

判定内容

　物事の処理能力や作業の速度などにいくらかの不足があります。性格や行動面でも、バランスのよさがやや失われている傾向がありますが、おおむね状況に応じた適切な行動をとることができます。

●符号　b′f（→ P. 96）

検査結果の特徴

「非定型」の特徴はないが、「典型的定型」の特徴に明らかなくずれがあります。すなわち、次の❶～❸のいずれかの特徴を示しています。

❶ 作業曲線の基本傾向（前期Ｕ字型、後期右下がりなど）に「定型」のくずれはほとんどないものの、曲線の細部には軽度だが明らかなくずれが重複して見られることが多い。誤答はほとんどないが、前期・後期のどちらか、または両方に４～５個ある場合もある（文字に著しい乱れはないが、行とばしが２～３回くらいある場合もある）。

❷ 作業曲線の基本傾向に明らかな「定型」のくずれがあり、細部にもくずれが見られる。しかし、このくずれは、「非定型」の特徴にとくにあてはまるものではない。後期の上回りや誤答については❶と同じ。

❸ 作業曲線の細部に著しい「定型」のくずれがある。そのくずれは、「非定型」の特徴の軽度なものとも見られるが、曲線の基本傾向にくずれがなく、後期の上回りにも過不足はあまりない。また、誤答もほとんどない（文字にとくに乱れはないが、行とばしが１回くらいある場合もある）。

判定内容

　物事の処理能力や作業の速度などにいくらかの不足があります。性格や行動面でもいくらか偏った傾向がありますが、ことさら問題にするほどではありません。

● 符号　b′f 〜 f(B)　(→ P. 97)

検査結果の特徴

「非定型」の特徴はないが、「典型的定型」の特徴に次のような著しいくずれがあります。あるいは、「非定型」の特徴がわずかに見られます。

　すなわち、次の❶〜❸のいずれかの特徴を示しています。

❶ 作業曲線の基本傾向（前期 U 字型、後期右下がりなど）に著しい「定型」のくずれがあり、細部にも明らかなくずれが重複して見られる。これらのくずれは、「非定型」の特徴のごく軽度なものである。後期の作業量の上回りや誤答については b′f 程度の場合が多いといえる（文字の乱れが著しい場合があり、行とばしが 3 〜 4 回以上ある場合もある）。

❷「非定型」の特徴の 1 つが、軽度であるが明らかに見られる。

❸「非定型」の特徴のいくつかが、ごく軽度であるが重複している。

判定内容

　物事の処理能力や作業の速度などにいくらかの不足があり、性格や行動面でも偏りが見られ、特異な言動や不適切な行動をとりやすい傾向にあります。

● 符号　f(B)　(→ P. 98)

検査結果の特徴

「非定型」の特徴が明らかに見られます。すなわち、次の❶、❷のいずれかの特徴を示しています。

❶「非定型」の特徴の 1 つが顕著で、その程度が軽くない。

❷「非定型」の特徴のいくつかが重複しており、その程度が軽くない。

　また、上記の程度が著しい場合は、fp と判定されることもあります（P. 81 参照）。

判定内容

　物事の処理能力や作業の速度などにいくらかの不足があり、性格や行動面でもとかく一方に偏りやすく、特異な言動や不適切な行動が目立ちます。

●符号　c（→ P. 99）

検査結果の特徴

「非定型」の特徴がなく、「典型的定型」の特徴を次のように完備、もしくはおおむね完備しています。

▶ 作業曲線の基本傾向（前期U字型、後期右下がりなど）に「定型」のくずれがありません。
▶ 作業曲線の細部にも、「定型」のくずれはまずありませんが、ごく軽度に1か所程度ある場合もあります。
▶ 前期に対する後期の作業量の上回りにも、過不足がほとんどありません。
▶ 誤答はまずありません（前期・後期の11行目のどちらかで、1～2個くらいある場合もあります。文字は整然としていますが、行とばしが1回だけあるときもあります）。

判定内容

　物事の処理能力や作業の速度などにかなりの不足があります。性格や行動面でも、バランスのよさがやや失われている傾向がありますが、おおむね状況に応じた適切な行動をとることができます。

●符号　c′（→ P. 100）

検査結果の特徴

「非定型」の特徴はないが、「典型的定型」の特徴に次のようなわずかなくずれがあります。

▶ 作業曲線の基本傾向（前期U字型、後期右下がりなど）に「定型」のくずれがありません。
▶ 作業曲線の細部に軽度のくずれがあり、それが重複している場合もあります。
▶ 前期に対する、後期の作業量の上回りにあまり過不足がありません。
▶ 誤答はほとんどありません（あっても前期・後期の11行目を合わせて2～3個程度です。文字にとくに乱れはなく、行とばしが前期・後期それぞれに1回ずつある場合もあります）。

判定内容

　物事の処理能力や作業の速度などにかなりの不足があります。性格や行動面でも、いくらか偏った傾向にありますが、ことさら問題にするほどではありません。

●符号　c′f（→ P. 101）

検査結果の特徴

「非定型」の特徴はないが「典型的定型」の特徴に明らかなくずれがあり、それが著しい場合があります。あるいは「非定型」の特徴がわずかに見られます。

　すなわち次の❶〜❺のいずれかの特徴を示しています。

❶ 作業曲線の基本傾向（前期U字型、後期右下がりなど）に「定型」のくずれがある場合が多い。曲線の細部には明らかなくずれがあり、それが重複して見られることが多い。後期の作業量の上回りに著しい過不足はないが、誤答が前期・後期の11行目のどちらか、または両方に4〜5個ほどある場合もある。

❷ 作業曲線の基本傾向や細部に、「定型」の著しいくずれが重複して見られるが、「非定型」の特徴にとくにあてはまるものではない。後期の上回りや誤答については、❶と同じ。

❸ 作業曲線の基本傾向に「定型」のくずれがあり、細部にも著しいくずれがある。そのくずれは「非定型」の特徴の軽度なものとも見なされる。後期の上回りや誤答については、❶と同じ。

❹ 「非定型」の特徴のひとつが、軽度であるが明らかに見られる。

❺ 「非定型」の特徴のいくつかが、ごく軽度であるが重複している。

判定内容

　物事の処理能力や作業の速度などにかなりの不足があり、性格や行動面でも偏りが見られ、特異な言動や不適切な行動をとりやすい傾向にあります。

●符号　f(C) →（P. 102）

検査結果の特徴

「非定型」の特徴が明らかに見られます。すなわち、次の❶、❷のいずれかの特徴を示しています。

❶ 「非定型」の特徴のひとつが顕著で、その程度が軽くない。

❷ 「非定型」の特徴のいくつかが重複しており、その程度が軽くない。

　また、上記の程度が著しい場合は、fpと判定されることもあります（P. 81参照）。

判定内容

　物事の処理能力や作業の速度などにかなりの不足があり、性格や行動面でもとかく一方に偏りやすく、特異な言動や不適切な行動が目立ちます。

●符号　d（→ P. 103）
検査結果の特徴
「作業量の著しい不足」という「非定型」の特徴（作業量がD段階）が明らかに見られます。しかし、その他の「非定型」の特徴は指摘できにくい場合が多いといえます。曲線の基本傾向は「定型」と異なり、通常、前期・後期とも横ばい傾向になりますが、それがあてはまらない場合もあります。

判定内容
　物事の処理能力や作業の速度などにははなはだしい不足があり、そのため性格や行動面でもとかく一方に偏りやすく、特異な言動や不適切な行動が目立つこともありますが、特定の傾向を指摘できにくいといえます。

●符号　dp（→ P. 104）
検査結果の特徴
「作業量の著しい不足」という「非定型」の特徴（作業量がD段階）が明らかで、かつ、その他の「非定型」の特徴が明らかに見られ、それらが重複している場合が多いといえます。

判定内容
　物事の処理能力や作業の速度などにははなはだしい不足があり、性格や行動面でもとかく一方に偏りやすく、特異な言動や不適切な行動が目立ちます。

●符号　fp（→ P.105）

検査結果の特徴

「非定型」の著しい特徴が見られます（作業量がD段階以外のどれかに決められることもありますが、決められない場合も多く見られます）。

　すなわち、次の❶、❷のいずれかの特徴を示しています。

❶「非定型」の特徴のいくつかが重複しており、その程度も著しい。

❷ 次の「非定型」の特徴のどれか1つが顕著である。

・誤答の多発
・大きい落ち込み
・はげしい動揺
・後期作業量の下落

ただし、fp の判定は、単に「非定型」の特徴が著しいということだけではなく、「定型」の特徴がほとんど失われている場合にのみ、判定されます。

判定内容

　作業量がD段階以外のどれかに決められる場合もありますが、定められないことも多いので、物事の処理能力や作業の速度についての評価は一定ではありません。性格や行動面ではとかく一方に偏りやすく、特異な言動や不適切な行動が目立ちます。

判定 ⓐ

作業量が Ⓐ 段階で、「典型的定型」の特徴を完備している

　物事の処理能力や作業の速度の水準が高く、性格や行動面でもほどよくバランスがとれているといえます。また、状況に応じて適切に対処することができ、臨機応変な行動をとることができます。

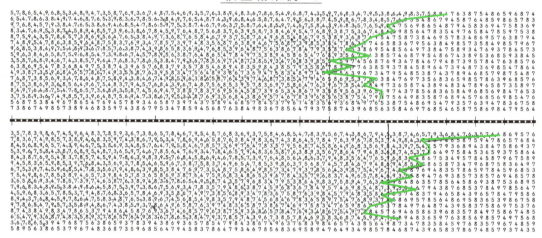

　「非定型」の特徴がまったく見られず、「典型的定型」の特徴を完備しています。

　例1と同様に、「非定型」の特徴がまったく見られず、「典型的定型」の特徴を完備しています。

判定 ⓐ′   作業量が Ⓐ 段階で、「典型的定型」の特徴をおおむね完備している

　判定ⓐと同様に、物事の処理能力や作業の速度の水準が高く、性格や行動面でもほどよくバランスがとれているといえます。また、状況に応じて適切に対処することができ、臨機応変な行動をとることができます。

検査結果例－1

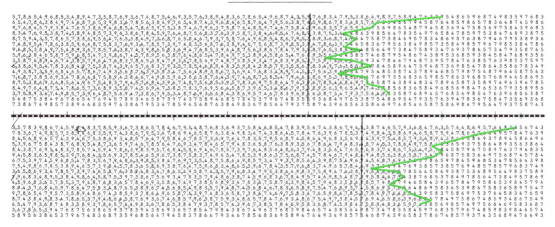

　「非定型」の特徴が見られず、「典型的定型」の特徴をおおむね完備していますが、後期初頭部の作業量の抜け出方が少し大きく、後期終末部の上昇もやや強いといえます。

検査結果例－2

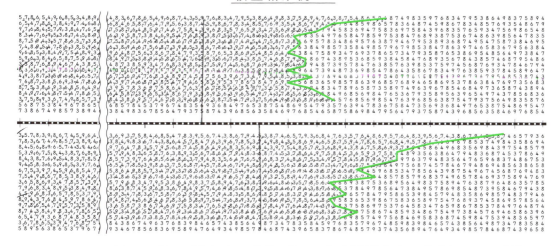

　例1と同様に、「非定型」の特徴が見られず、「典型的定型」の特徴をおおむね完備していますが、後期初頭部の作業量の抜け出方がやや大きすぎるといえます。

第3章　就職適性はこう判定される！

| 判定 ⓐ′〜ⓐ′f | 作業量がⒶ段階で、「典型的定型」の特徴にわずかなくずれがある |

　物事の処理能力や作業の速度の水準は高いといえますが、性格や行動面では、バランスのよさがやや失われている傾向にあります。しかし、おおむね状況に応じた適切な行動をとることができます。

検査結果例−1

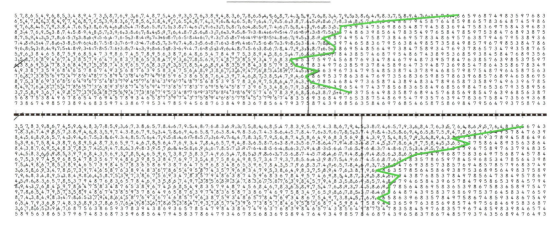

　「非定型」の特徴は見られませんが、「典型的定型」の特徴にわずかなくずれが見られます。前期・後期とも、初頭部の作業量の抜け出方が少し大きすぎ、前期終末部の盛り上がりも遅いといえます。

検査結果例−2

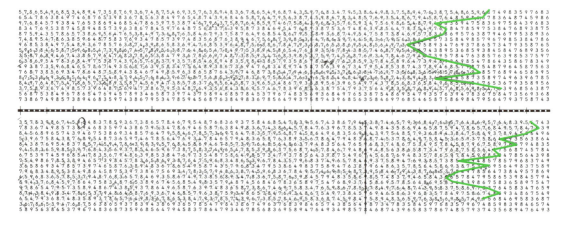

　例1と同様に「非定型」の特徴は見られませんが、「典型的定型」の特徴にわずかなくずれが見られます。前期・後期とも後半部の盛り上がりがやや強いといえます。また、1つですが誤答も見られます。

判定 ⓐ'f

作業量が Ⓐ 段階で、
「典型的定型」の特徴に明らかなくずれがある

物事の処理能力や作業の速度の水準は高いといえますが、性格や行動面では、いくらか偏った傾向があります。ただ、普通程度で、ことさら問題にするほどではありません。

検査結果例−1

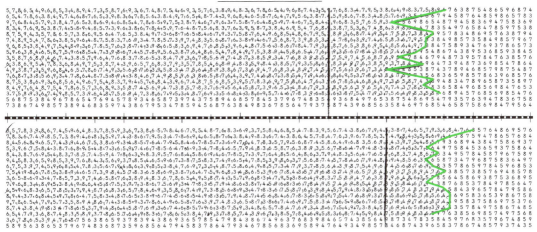

「非定型」の特徴は見られませんが、「典型的定型」の特徴に明らかなくずれが見られます。作業曲線は横ばいで前期・後期とも曲線範囲が狭いといえます。

検査結果例−2

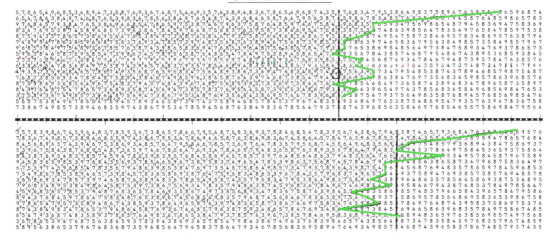

例1と同様に「非定型」の特徴は見られませんが、「典型的定型」の特徴に明かなくずれが見られます。前期・後期とも初頭部の抜け出方が特別に大きく、また終末部にかけての下降傾向が強すぎるといえます。

判定 ⓐ'f〜f(Ⓐ)　作業量がⒶ段階で、わずかな「非定型」の特徴がある

　物事の処理能力や作業の速度の水準は高いといえますが、性格や行動面では独自性（個性）が強く、偏りが見られ、特異な言動や不適切な行動をとりやすい傾向にあります。

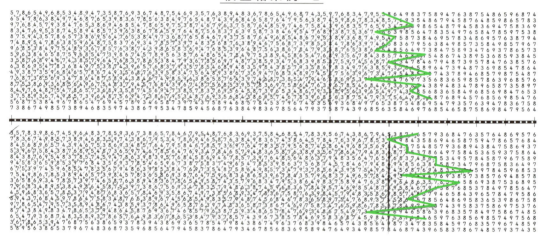

検査結果例−1

「後期初頭の著しい出不足」の「非定型」の特徴がわずかに見られます。前期初頭部の抜け出不足も考慮します（「後期初頭の著しい出不足」P.52〜P.53参照）。

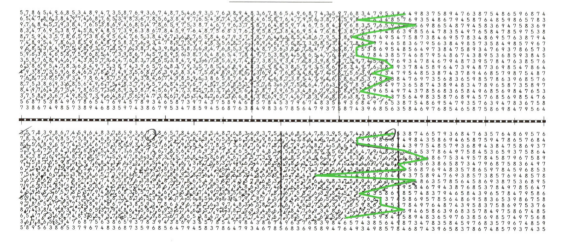

検査結果例−2

「大きい落ち込み」と「後期初頭の著しい出不足」の「非定型」の特徴がわずかに見られます。後期中央部の落ち込みが目立ち、後期2、3分目の作業量が、前期の最低水準とほぼ同じになっています（「大きい落ち込み」P.42〜P.43と「後期初頭の著しい出不足」P.52〜P.53参照）。

判定 f(A)　作業量がⓐ段階で、明らかな「非定型」の特徴がある

物事の処理能力や作業の速度の水準は高いといえますが、性格や行動面では、とかく一方に偏りやすく、特異な言動や不適切な行動が目立ちます。

検査結果例－1

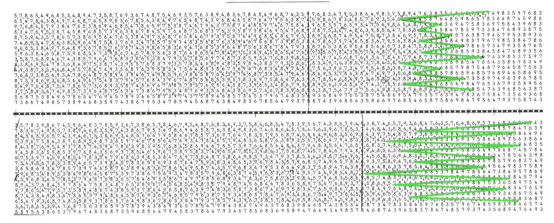

「はげしい動揺」の「非定型」の特徴が明らかに見られます。前期・後期ともに、ほとんど1行ごとに作業量が大きく変動しており、曲線の凹凸はかなり激しいものです（「はげしい動揺」P. 46～P. 47参照）。

検査結果例－2

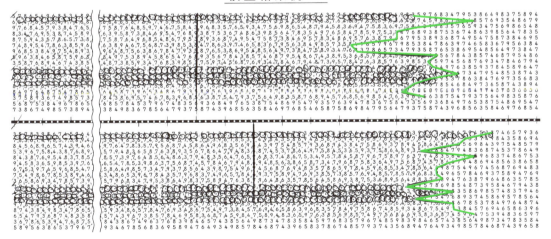

「誤答の多発」の「非定型」の特徴が明らかに見られます。作業曲線そのものは前期・後期とも「定型」の特徴を備え、後期の作業量の上回りも十分ですが、誤答が連続しているのがかなり目立ちます（「誤答の多発」P. 40～P. 41参照）。

判定 a　　作業量がＡ段階で、「典型的定型」の特徴を完備している

　物事の処理能力や作業の速度の水準に不足がなく、性格や行動面でもほどよくバランスがとれているといえます。また、状況に応じて適切に対処することができ、臨機応変な行動をとることができます。

検査結果例 - 1

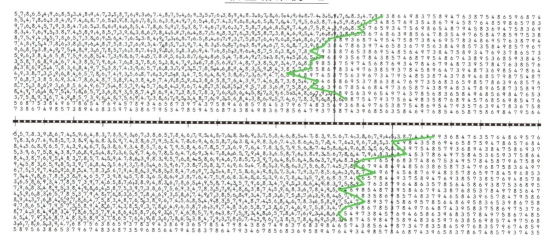

　「非定型」の特徴がまったく見られず、「典型的定型」の特徴を完備しています。

検査結果例 - 2

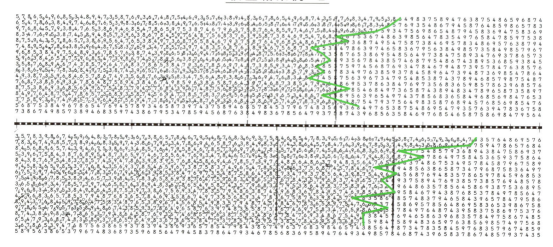

　例１と同様に、「非定型」の特徴がまったく見られず、「典型的定型」の特徴を完備しています。

判定 a′

作業量がA段階で、
「典型的定型」の特徴をおおむね完備している

判定aと同様に、物事の処理能力や作業の速度の水準に不足がなく、性格や行動面でもほどよくバランスがとれています。また、状況に応じて適切に対処することができ、臨機応変な行動をとることができます。

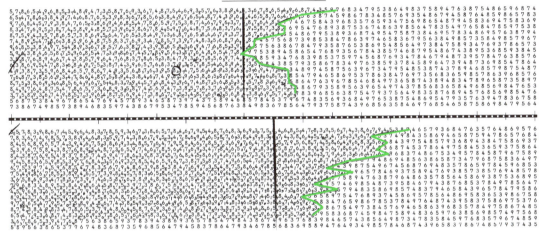

「非定型」の特徴が見られず、「典型的定型」の特徴をおおむね完備していますが、前期の動揺がやや不足しており、凹凸が小さいといえます。

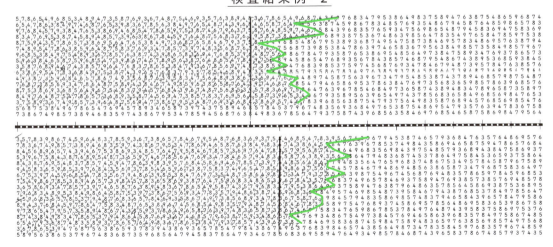

例1と同様に「非定型」の特徴が見られず、「典型定型」の特徴をおおむね完備していますが、曲線範囲がややせまく、後期の盛り上がりもやや不足しているといえます。

判定 a'～a'f

作業量がA段階で、「典型的定型」の特徴にわずかなくずれがある

物事の処理能力や作業の速度の水準に不足はないといえますが、性格や行動面では、バランスのよさがやや失われている傾向があります。しかし、おおむね状況に応じた適切な行動をとることができます。

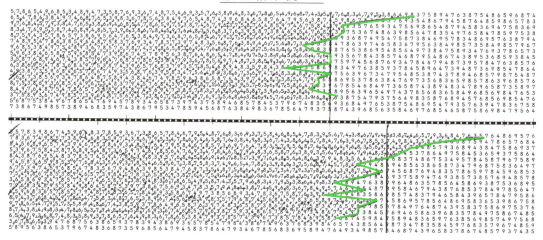

検査結果例－1

- 「非定型」の特徴は見られませんが、「典型的定型」の特徴にわずかなくずれが見られます。
- 前期・後期とも、初頭部の抜け出方が大きすぎで、前期の盛り上がりがやや不足しています。

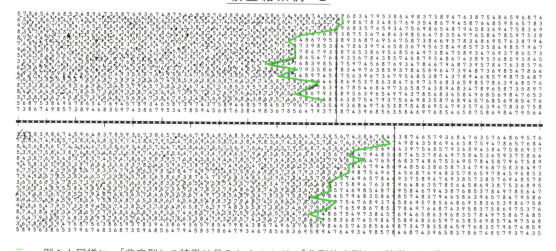

検査結果例－2

- 例1と同様に、「非定型」の特徴は見られませんが、「典型的定型」の特徴にわずかなずれが見られます。前期・後期とも、作業量の凹凸が少なく、動揺がやや不足しています。初頭部の抜きでもややものたりない感じです。

判定 a′f 作業量がA段階で、「典型的定型」の特徴に明らかなくずれがある

　物事の処理能力や作業の速度の水準に不足はないといえますが、性格や行動面では、いくらか偏った傾向があります。ただ、普通程度で、ことさら問題にするほどではありません。

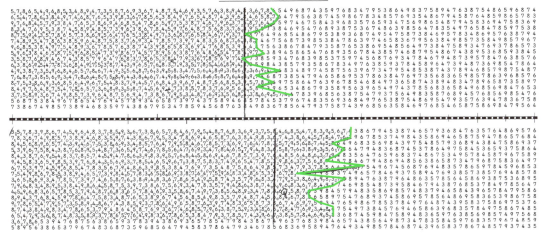

検査結果例－1

　「非定型」の特徴は見られませんが、「典型的定型」の特徴に明らかなくずれが見られます。前期・後期とも曲線範囲がせまく、全体的に横ばい傾向です。後期中央部の小さなへこみも目立ち、曲線傾向が不自然です。

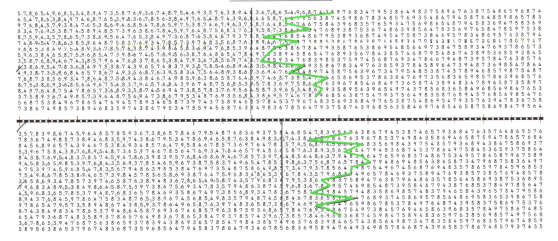

検査結果例－2

　例1と同様に「非定型」の特徴は見られませんが、「典型的定型」の特徴に明らかなくずれが見られます。前期は定型の特徴を備えていますが、後期初頭部の抜き出しが不足しており、曲線が山型になっています。

判定 a′f ～ f(A)　作業量がA段階で、わずかな「非定型」の特徴がある

　物事の処理能力や作業の速度の水準に不足はないといえますが、性格や行動面では独自性（個性）が強く、偏りが見られ、特異な言動や不適切な行動をとりやすい傾向にあります。

検査結果例－1

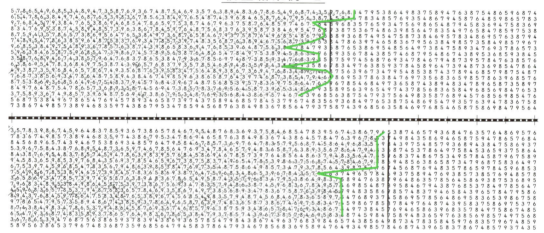

　「動揺の欠如」の「非定型」の特徴がわずかに見られます。後期に長い平坦部分が2箇所あり、全体的に不自然さが目立ちます。ただ、前期は「定型」の特徴が認められ、完全な「動揺の欠如」とはいえません（「動揺の欠如」P.48～P.49参照）。

検査結果例－2

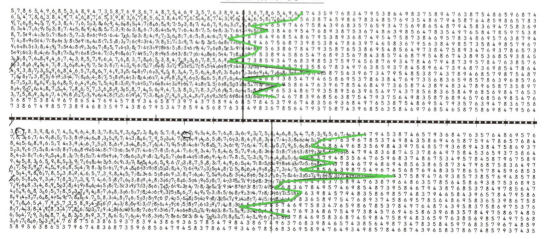

　「大きい突出」の「非定型」の特徴がわずかに見られます。「定型」の基本的傾向も認められますが、前期終末部付近と後期中央部の突出がかなり目立っています（「大きい突出」P.44～P.45参照）。

判定 f(A)　作業量がA段階で、明らかな「非定型」の特徴がある

物事の処理能力や作業の速度の水準に不足はないといえますが、性格や行動面では、とかく一方に偏りやすく、特異な言動や不適切な行動が目立ちます。

検査結果例-1

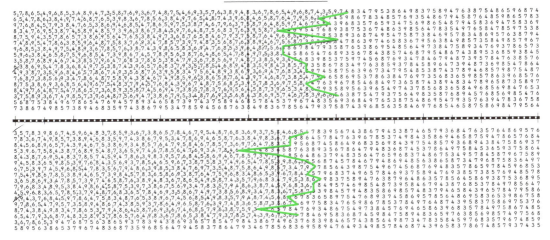

「後期作業量の下落」の特徴が明らかに見られます。平均、最低、最高の3点について後期作業量が前期作業量を下回っており、この種の「非定型」の典型的な例といえます（「後期作業量の下落」P. 50〜P. 51参照）。

検査結果例-2

「大きい落ち込み」の「非定型」の特徴が明らかに見られます。平均作業量の1/3を超える落ち込みが数箇所見られ、「大きい落ち込み」の特徴が顕著です（「大きい落ち込み」P. 42〜P. 43参照）。

判定 b

作業量がＢ段階で「典型的定型」の特徴を完備、もしくはおおむね完備している

物事の処理能力や作業の速度などにいくらかの不足はありますが、性格や行動面ではほどよくバランスがとれているといえます。また、状況に応じて適切に対処することができます。

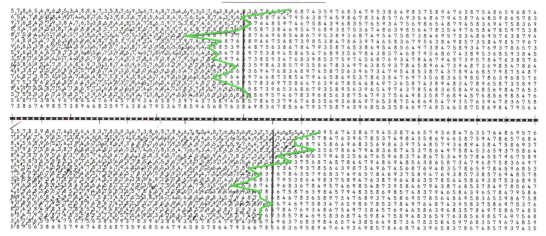

検査結果例－1

「非定型」の特徴が見られず、「定型」の特徴をおおむね完備しています。Ｂ段階にしては、後期の作業曲線の範囲がやや大きすぎるきらいがありますが、曲線の傾向からして、初頭部の抜け出方が「定型」の特徴に合ったものと見るほうが妥当といえます。

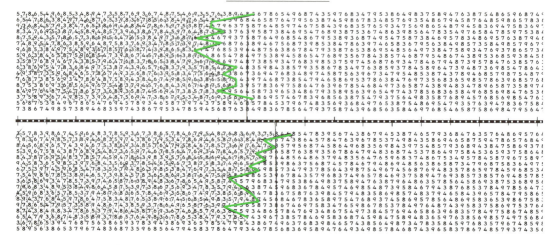

検査結果例－2

例1と同様に「非定型」の特徴が見られず、「定型」の特徴をおおむね完備しています。後期終末部の作業量の上昇がやや強すぎるといえますが、前期・後期とも作業曲線は「定型」の特徴をよく備えています。

判定 b′	作業量がB段階で、「典型的定型」の特徴にわずかなくずれがある

　物事の処理能力や作業の速度などにいくらかの不足があり、性格や行動面でも、バランスのよさがやや失われている傾向にあります。しかし、おおむね状況に応じた適切な行動をとることができます。

検 査 結 果 例 − 1

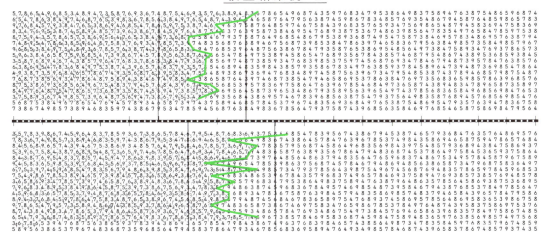

　「非定型」の特徴は見られませんが、「典型的定型」の特徴にわずかなくずれが見られます。後期の動揺の大きさがやや目につきます。

検 査 結 果 例 − 2

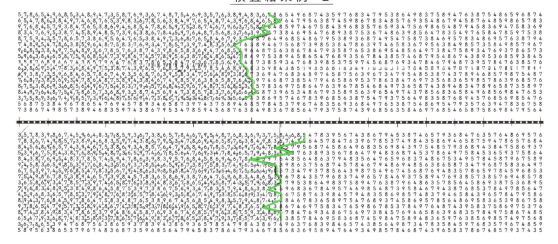

　例1と同様に「非定型」の特徴は見られませんが、「典型的定型」の特徴にわずかなくずれが見られます。B段階とはいえ曲線範囲が狭く、特に後期は初頭部を除いて横ばい傾向が目立ちます。

第3章　就職適性はこう判定される！

判定 b´f

作業量がB段階で、「典型的定型」の特徴に明らかにくずれがある

物事の処理能力や作業の速度などにいくらかの不足があり、性格や行動面でもいくらか偏った傾向があります。ただ、ことさら問題にするほどではありません。

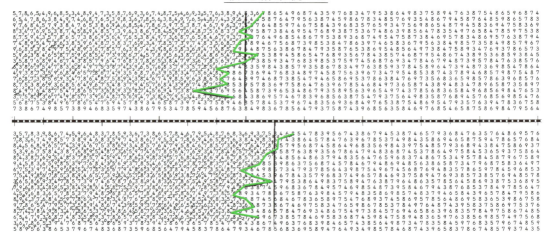

検査結果例−1

「非定型」の特徴は見られませんが、「典型的定型」の特徴に明らかにくずれが見られます。前期・後期とも終末部の盛り上がりが不足しており、右下がりの傾向が目立ちます。また、動揺も不足気味です。

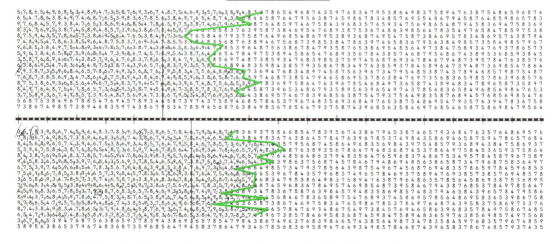

検査結果例−2

例1と同様に「非定型」の特徴は見られませんが、「典型的定型」の特徴に明らかにくずれが見られます。後期はやや山型で、後期初頭部の抜け出方が不足しています。

判定 b′f 〜 f(B)　作業量がB段階で、わずかな「非定型」の特徴がある

物事の処理能力や作業の速度などにいくらかの不足があり、性格や行動面でも偏りが見られ、特異な言動や不適切な行動をとりやすい傾向にあります。

検査結果例 − 1

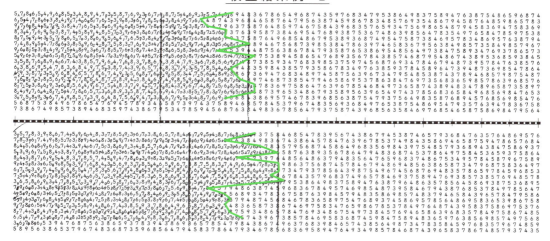

「後期初頭の著しい出不足」の「非定型」の特徴がわずかに見られます。後期だけ見るとさほどでもありませんが、前期初頭の出不足も同じ傾向にあります。また、前期は尻上がり、後期は山型になっており、「定型」の特徴が失われているといえます（「後期初頭の著しい出不足」P. 52 〜 P. 53 参照）。

検査結果例 − 2

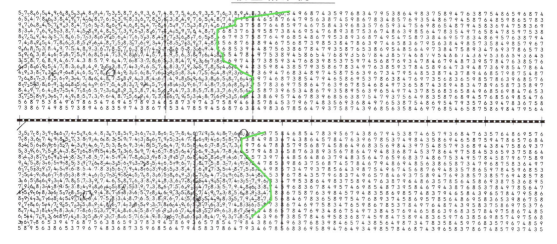

「動揺の欠如」の「非定型」の特徴がわずかに見られます。不自然な平坦が目立ちますが、前期はかろうじて定型の特徴を備えていることから軽度にとどめます（「動揺の欠如」P. 48 〜 P. 49 参照）。

判定 f(B)　作業量がB段階で、明らかな「非定型」の特徴がある

物事の処理能力や作業の速度などにいくらかの不足があり、性格や行動面でもとかく一方に偏りやすく、特異な言動や不適切な行動が目立ちます。

検査結果例－1

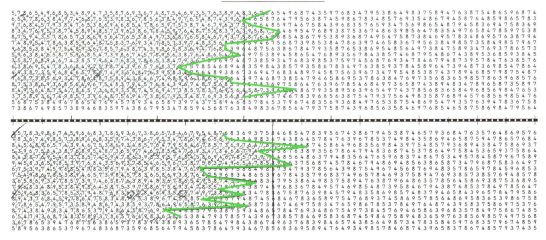

「はげしい動揺」の「非定型」の特徴が明らかに見られます。B段階にしては、曲線範囲が広すぎます。また、前期・後期とも後半部で曲線の変動が大きく、30分通しての大きなうねりが目立ちます（「はげしい動揺」P. 46～P. 47参照）。

検査結果例－2

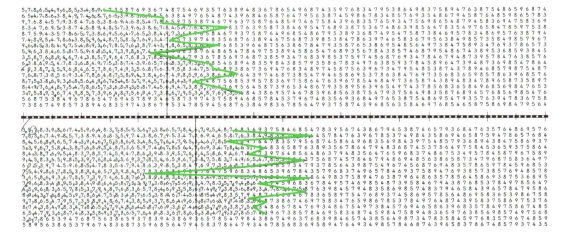

「大きい落ち込み」の「非定型」の特徴が明らかに見られます。後期中央部の落ち込みはかなり深く、動揺も大きいため、「定型」の特徴が失われています（「大きい落ち込み」P. 42～P. 43参照）。

| 判定 C | 作業量がC段階で、「典型的定型」の特徴を完備、もしくはおおむね完備している |

物事の処理能力や作業の速度などにかなりの不足があり、性格や行動面でも、バランスのよさがやや失われている傾向があります。しかし、おおむね状況に応じた適切な行動をとることができます。

検査結果例 − 1

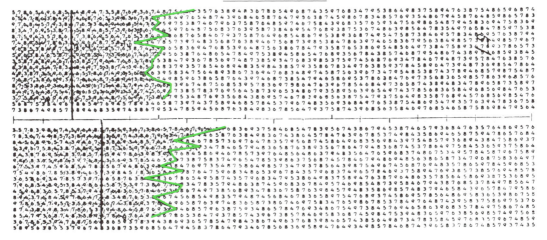

「非定型」の特徴が見られず、「定型」の特徴をおおむね完備しています。ただ、後期の作業量の上回りがやや不足しているといえます。

検査結果例 − 2

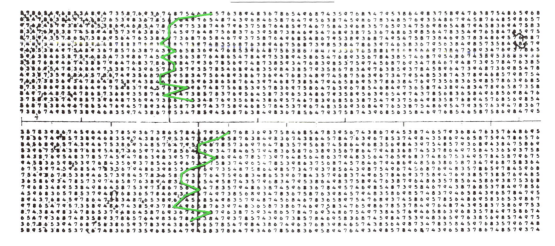

例1と同様に「非定型」の特徴が見られず、「定型」の特徴をおおむね完備しています。前期・後期とも作業曲線が平坦な感じがしますが、C段階ではこのような曲線傾向を示しやすいといえます。

判定 c′ 　作業量がC段階で、「典型的定型」の特徴にわずかなくずれがある

物事の処理能力や作業の速度などにかなりの不足があり、性格や行動面でも、いくらか偏った傾向があります。ただ、ことさら問題にするほどではありません。

検査結果例−1

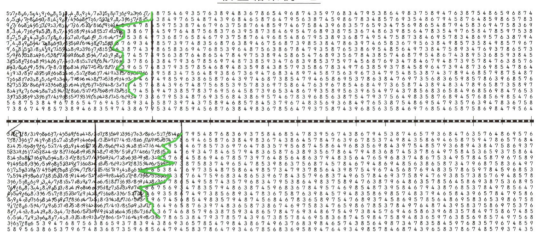

「非定型」の特徴は見られませんが、「典型的定型」の特徴にわずかなくずれが見られます。前期はお皿のような形で、後期中央部の小さな落ち込みもやや目につくことから「定型」の傾向をくずしていることがわかります。

検査結果例−2

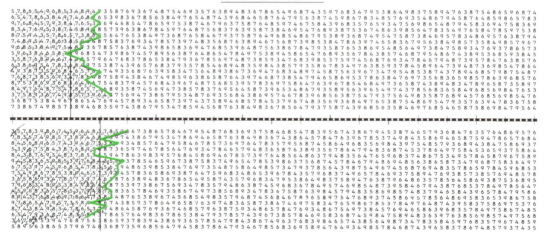

例1と同様に「非定型」の特徴は見られませんが、「典型的定型」の特徴にわずかなずれが見られます。前期前半部の作業量の盛り上がりがやや強く、後期も曲線の形が山型気味になっています。

| 判定 c′f | 作業量がC段階で、わずかな「非定型」の特徴がある |

物事の処理能力や作業の速度などにかなりの不足があり、性格や行動面でも偏りが見られ、特異な言動や不適切な行動をとりやすい傾向にあります。

検査結果例−1

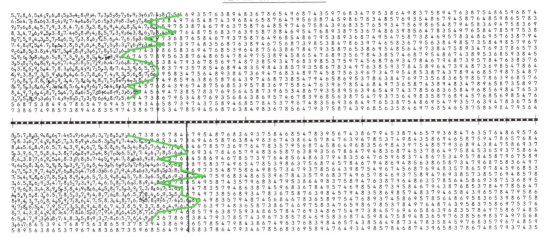

「後期初頭の著しい出不足」の「非定型」の特徴がわずかに見られます。後期初頭部の作業量が、前期の最低水準に近いことは見逃せません（「後期初頭の著しい出不足」P.52〜P.53参照）。

検査結果例−2

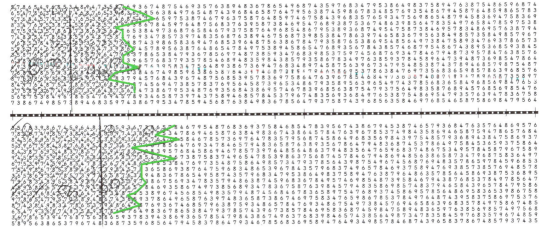

「誤答の多発」の「非定型」の特徴がわずかに見られます。この図では見にくいのですが、同じ組み合わせのときに答えを間違えています（「誤答の多発」P.40〜P.41参照）。

判定 f(C)　作業量がC段階で、明らかな「非定型」の特徴がある

物事の処理能力や作業の速度などにかなりの不足があり、性格や行動面でもとかく一方に偏りやすく、特異な言動や不適切な行動が目立ちます。

検査結果例－1

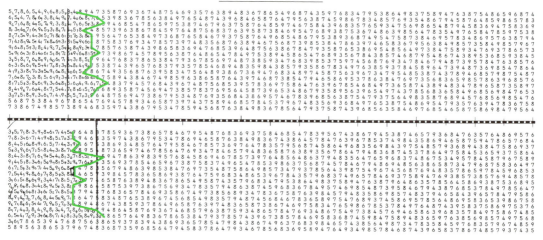

「後期作業量の下落」の「非定型」の特徴が明らかに見られます。曲線の形は横ばいですが、後期の大部分が前期最低点よりも下で推移しています（「後期作業量の下落」P.50～P.51参照）。

検査結果例－2

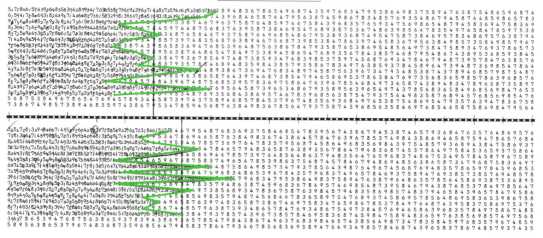

「はげしい動揺」の「非定型」の特徴が明らかに見られます。特に後期は1分ごとの変動も大きく、非常に顕著です（「はげしい動揺」P.46～P.47参照）。

判定 d　　作業量が著しく不足（作業量がD段階）

物事の処理能力や作業の速度などにはなはだしい不足があり、そのため性格や行動面でもとかく一方に偏りやすく、特異な言動や不適切な行動が目立つこともあります。特定の傾向は指摘できにくいといえます。

検査結果例－1

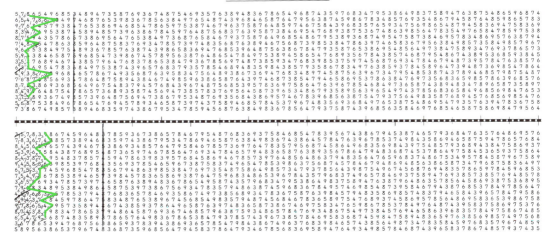

「作業量の著しい不足」の「非定型」の特徴が明らかに見られます。D段階では、前期・後期とも曲線が横ばい傾向で、他の作業量段階で指摘できるような特徴が表れない場合が多いといえます（「作業量の著しい不足」P.54～P.55参照）。

検査結果例－2

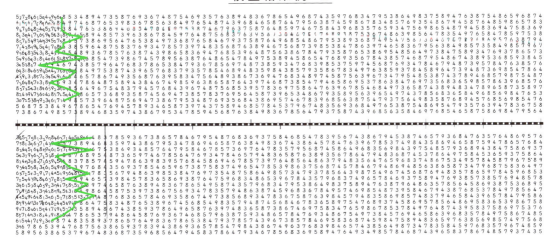

「作業量の著しい不足」の「非定型」の特徴が明らかに見られます（「作業量の著しい不足」P.54～P.55参照）。

判定 dp

作業量が著しく不足し（作業量がD段階）、その他の「非定型」が重複

物事の処理能力や作業の速度などにはなはだしい不足があり、性格や行動面でもとかく一方に偏りやすく、特異な言動や不適切な行動が目立ちます。

検査結果例−1

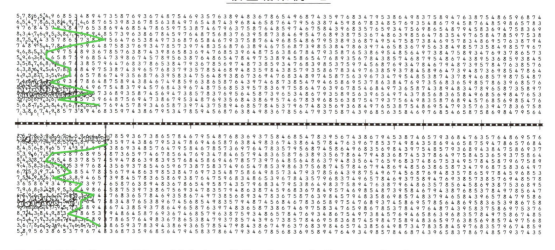

「作業量の著しい不足」の「非定型」の特徴以外にも、「誤答の多発」「はげしい動揺」などが見られます。D段階では、このようにほかの「非定型」の特徴が顕著でも、加算能力の低さが影響したものと考えられます（「作業量の著しい不足」P.54〜P.55参照）。

検査結果例−2

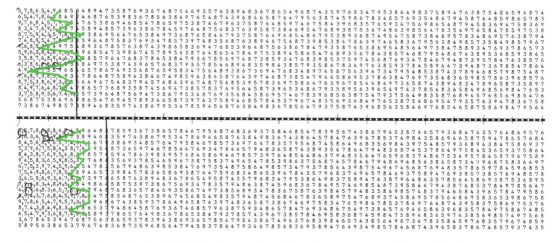

「作業量の著しい不足」の「非定型」の特徴以外にも、「大きい落ち込み」が見られます（「作業量の著しい不足」P.54〜P.55参照）。

判定 fp 「非定型」の特徴が著しい

　作業量がＤ段階以外のどれかに決められる場合もありますが、定められないことも多いので、物事の処理能力や作業の速度についての評価は一定ではありません。性格や行動面ではとかく一方に偏りやすく、特異な言動や不適切な行動が目立ちます。

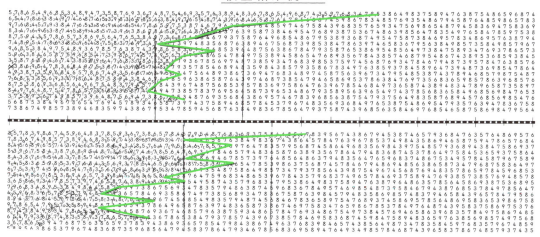

検査結果例－1

　「曲線範囲の過大」と「後期作業量の下落」の「非定型」の特徴が著しいといえます。作業量はＢ、Ｃ段階のどちらともいえません（「曲線範囲の過大」P. 56 ～ P. 57 と「後期作業量の下落」P. 50 ～ P. 51）。

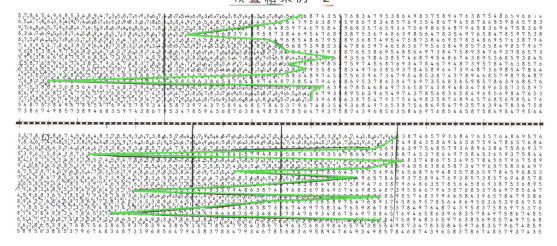

検査結果例－2

　「大きい落ち込み」の「非定型」の特徴が著しいといえます。作業量Ａ段階ですが、Ｃ段階以下にいたる落ち込みが複数個所見られます（「大きい落ち込み」P. 42 ～ P. 43 参照）。

[内田クレペリン検査] ここが知りたい Q & A

Q 検査用紙の数字配列には意味があるのですか？

A [内田クレペリン検査] では、1 行に 116 個の数字が並べられており、隣り合った数字どうしで次々に足し算をしていきます。その数字の配列には独自のノウハウが詰め込まれており、数字配列の表面的な規則性としては、次のことがいえます。

1. 0 と 1 と 2 の数字は含まれていない。
2. 同じ数字は隣り合わない。
3. 686 のように、同じ数字は 1 つおきに並ばない。
4. 5 数字ごとに、答えの 1 つが 10 以下になっている。
5. 5 数字ごとに、答えの 1 つが 15 以上になっている。
6. 10 回に 1 回程度の割合で、答えが 10 になる計算がある。
7. 10 回に 1 回程度の割合で、同じ数字の組み合わせの計算がある。
8. 10 回に 1 回程度の割合で、9 の数字が出てくる。

しかしながら、この規則性を頭に入れて検査にのぞむことは無意味であり、検査のときは目の前の足し算をひたすらこなしていくようにしましょう。

Q 判定の符号の f と p はどういう意味ですか？ また、A と a、B と b のように、大文字と小文字を使い分けるのはなぜですか？

A p はドイツ語の pathologisch のイニシャルで、「病気の」を意味し、f もドイツ語の fraglich のイニシャルで、「疑わしい」という意味を表します。しかし、現在はもとの意味を離れて、作業曲線の類型を簡単に示す符号として用いられています。

また、大文字の A は、作業量段階が A 段階であることを示し、小文字の a は A 段階にある検査結果であることを示しています。たとえば、a は、A 段階に属し、最も「定型」に近い検査結果であり、a′f は、A 段階に属し、「定型」に明らかなずれがある検査結果を表します。同様に、f(B) は作業量が B 段階で、「非定型」の特徴が明らかであるという検査結果を表しています。

Q 作業曲線の「落ち込み」や「突出」は、どの程度から「非定型」とされるのでしょうか？

A 作業曲線の変動は、全体的な傾向から判断していかなければならないもので、一概に数値で規定できるものではありません。しかし、おおよそ平均作業量の水準の 1/5 ～ 1/4 くらいの「落ち込み」や「突出」が数箇所あれば、「大きい落ち込み」や「大きい突出」の「非定型」の特徴が軽度に表れていると見なされます。

また、「動揺」に関しては、おおよそ平均作業量の水準の 1/5 くらいの変動が続いていれば、「はげしい動揺」の「非定型」の特徴が軽度に表れているとされます。

Q 7＋5の答えを2と書かずに12と記入してしまうようなうっかりミスも、判定に影響するのでしょうか？

A ［内田クレペリン検査］では、過去、次のようなミスがありました。
① 質問の例のように、答えが2桁のとき、1の位の数字を書かずに2桁とも記入してしまった。
② 答えと次の印刷数字の足し算をして、次の答えとして記入してしまった。
③ 答えを1つおきに記入した。
④ 行をとばしてしまった。

以上が代表的な記入ミスですが、これら以外にもうっかりミスはたくさんあります。ミスの取扱いは非常に微妙で、それが正答の間に紛れ込んでいる場合は誤答となることが多いと思われます。

しかし、上記のようなミスが何行も続いている、あるいは検査全体がほとんどそうなっているようなときは、検査方法自体を勘違いしていると判断され、誤答として扱われないこともあります。このようなミスがないよう、検査本番では十分注意しましょう。

Q 「定型」の作業曲線では、前期・後期とも1行目の作業量が他と比べて大きくなっていますが、これは作業開始前に、先読みして答えをだしているからではないのですか？

A そういったこともあるかもしれませんが、［内田クレペリン検査］では、むしろ受検者の内面的な初頭緊張の表れによるものであると解釈しています。
なお、行によって足し算の難易度に差はありません。

Q 前期と後期では、どちらの方が判定で重視されるのですか？

A 途中の休憩を含めて検査全体の傾向から判定が下されますので、一方を重視するといったことはありません。しかし、前期の「非定型」の傾向が、「後期」で少なくなって「定型」に近づいたり、逆に前期の作業で疲れや負担が生じ、後期で本来もっている「非定型」の特徴が表れることもあります。

これまでの事例から、後期の作業曲線の方が受検者の性格・心理状態との関連が強いといえるようです。

Q 検査結果に男女差はありますか？

A 普通、高校2年生頃までは、女子のほうが男子より平均作業量が多い傾向にあります。これは、成長期の心身の発達段階の差によるものと説明されていますが、成人の場合、性別は一切無視されます。

column 4　学校

気になる生徒をすばやく見つける

　一般的に中学校や高校では、ひとりの先生が 30 名ほどの生徒を指導することになります。人間はもともと複雑な生き物だといえますが、その時期の生徒ときたら一生の内でもっとも多感なうえ、ものすごいスピードで日々変化しています。そんな複雑な教室をしっかりホールドしておくというのが、とても大変な仕事であることは想像に難くありません。

　理想としては、すべての生徒に均等に関われればよいのでしょうが、実際には「気になる生徒」から「あまり手をかけなくても安心な生徒」まで、先生の見立てにもグラデーションがあるでしょう。1年間という限られた時間のなかで、いかに素早く「気になる生徒」を見つけて適切な関わりをもてるか、ということが先生の大事な役割といえます。

［内田クレペリン検査］の「視点」で複眼的に生徒を見ることができる

　先生が生徒を理解するうえで、もっとも豊かで重要な情報は、日頃の観察に他なりません。でも先生も人ですから、ときには観察が偏ってしまうこともあるでしょう。

　そんなときに頼りになるのが、自分以外の「眼」からみた生徒の情報です。ここでいう「眼」というのは、文字どおり、他の先生や生徒の眼もありますし、テストの結果や部活動への取り組みといった客観的なデータもあてはまります。

　［内田クレペリン検査］も、そんな客観的な「眼」のひとつになります。先生の観察と検査のデータ＝［内田クレペリン検査］の「視点」を複眼的に組み合わせることで、より立体的に生徒個人や学級を見ることができるでしょう。

生徒自身の自己理解のきっかけをつくる

　先生が学級や生徒をアセスメントする材料としてだけでなく、［内田クレペリン検査］にはもうひとつ、教育現場で実施する大きな価値があります。それは、生徒自身に「わたしって　だれ？」という問いかけを考えるきっかけをつくることです。

　［内田クレペリン検査］の学校向けの判定には、先生向けの判定とは別に生徒本人向けの判定が付いています。生徒本人が自分の判定結果を見ることで、自ら「わたしってどんな特徴があるの？」という問いかけを発し、考えるきっかけができるでしょう。

　中学生や高校生のときは、まだまだ自分のアイデンティティを模索している時期です。検査の結果は、自分の行動特性を考えるひとつのきっかけになるでしょう。検査の結果を無理に受け入れるのではなく、自分にあてはまること、あてはまらないことをじっくり考えることで、生徒が自己理解していく材料になります。自分自身の「仕事ぶり」を考えることは、当然、キャリア教育にもつながっていきます。

第4章

［内田クレペリン検査］の直前対策

「理想的な検査結果」はあるのか？

　これまで見てきたように［内田クレペリン検査］の結果は、❶作業の量、❷誤答の数や出方、❸作業曲線の形の３つの観点から判定されます。この観点から、［内田クレペリン検査］の結果に「理想的」な検査結果というのはあるのでしょうか。
　一般的に考えると、作業量がⒶ段階で誤答がなく、作業曲線が「定型」の形をしていることが理想的な検査結果といえそうです。つまり「基礎能力が高く、性格・心理状態も健康である」という判定です。
　しかし、本書で示した判定例はあくまでも抜粋で、実際の［内田クレペリン検査］では、同じ「定型」でも動揺の現れ方や出足の程度などさまざまで、さらに細かな観点から受検者の性格や行動面の判定が下されます。そのため、この「理想的な検査結果」というものが多様化していきます。言い換えれば、「理想」にもいろいろな種類がでてくるわけです。
　もし、判定に「基礎能力は申し分なく、作業曲線も定型に収まってはいるが、曲線の推移を見ると、やや動揺が少ない」とでたとしましょう。作業曲線の凹凸が示す「動揺」はありすぎても「非定型」ですが、なさすぎても「非定型」になるような微妙な判定要素です。
　この判定を採用する側がどう判断するかは、それぞれの企業の採用方針やカラーによって変わってきます。Ａ社では、行動的な営業マンを採用したいので、おとなしい人は不採用と考えるかもしれませんが、反対に、Ｂ社では人事部に冷静な社員を入れたいと判断する場合もあるでしょう。つまり「理想の検査結果」とは、あくまでも募集企業・自治体それぞれが個別に判断するもので、どの会社にも通用する完璧な「理想形」は、現実にはあり得ないものなのです。

「自己演出」はどこまで通じるのか？

　しかし、やはり「非定型」と判定されると「どこの採用試験でも合格する」ということは難しくなってきます。「非定型」とは、端的に言って「独自性が強い」ことを表します。軽度の場合は「ユニークな人」と見なされる程度かもしれませんが、「非定型」の特徴が顕著になればなるほど、その人の「クセ」が際立ち、採用の選考場面では不利になることが多いようです。少なくとも「どこの採用試験でも合格する」という幅の広さはなくなります。
　では、どのようにすれば「定型」、つまり「性格・心理状態が健康」と判定されるような検査結果をだすことができるのでしょうか。その答えをあえて言うなら、「余計なことを考えずに、目の前の足し算に集中する」ということに尽きます。［内田クレペリン検査］では、１分間に足し算を連続しておこないます。この短

い時間内の計算の最中に、「定型では前期の作業曲線はU字型になって、後期は右下がり……」などと考えていたのでは、作業の能率は格段に悪くなり、自分が本来もっている基礎能力より低く見なされるかもしれません。

また、作業量を増やしたいあまり、誤答が多発しては元も子もないでしょう。作業曲線を作為的に「定型」に近づけようとすればするほど、曲線が不自然になり、「非定型」に寄っていくのがこの［内田クレペリン検査］なのです。

したがって、受験対策のアドバイスとしては物足りないかもしれませんが、**むしろ「策を弄しない」こと、自然体で臨むことこそが、真に最良の対策といえます。**

［内田クレペリン検査］の自宅受検はどこまで有効か？

では、［内田クレペリン検査］を受検するのに、事前になんの準備もしなくて大丈夫なのでしょうか。採用試験を目前にした学生たちからすれば、当然の疑問といえるでしょう。

実際、**「どうすればよい結果がだせるのか」**という質問はよく受けます。そんなときは、いつもこう答えています。

「心配なら、少し足し算に慣れておくくらいですかね」

小学校低学年レベルの1桁の足し算ごときに、今さら慣れるというのもおかしな話ですが、桁数の多い計算を電卓で求めたりすることはあっても、紙上に書かれた1桁の数字を見て、それを足し算する機会はほとんどないのが実情です。そうした一種のハンデの解消のためにも、たとえば日常生活で買い物をしたときの釣り銭の暗算くらいでも、計算に慣れておくことは、検査当日の安心感につながるでしょう。

そして、その上で、実際に［内田クレペリン検査］を受けてみることもひとつの方法です。**実際に検査を受けてみれば、「様子を知る」という意味で、なによりも精神的に楽になりますし、検査本番でいたずらにあわてることもなくなるはずです。**

ただし、これはあくまでも自分の性格をある程度、客観的に把握しておいたほうがよいということであって、決して「受検攻略法」を身に付けておきなさい、ということではありません。

実際、これまでにもしばしばふれているとおり、攻略法を身に付けるための練習は、事実上「無駄な努力」になるからです。

本書の巻末には、株式会社 日本・精神技術研究所（［内田クレペリン検査］の専門機関）から特別に許可を得て、［内田クレペリン検査］の検査用紙（試用版）を綴じ込んでいます。P.113から説明する「自宅受検の仕方」をよく読んで検査をおこない、P.119に明記の宛先・方法で郵送すれば、実際に精密な判定がなされ、結

果が返送されるようになっています。自宅受検をすることにより「自分を客観的に見つめ直す」機会のひとつとなるでしょう。

［内田クレペリン検査］の正しい活かし方とは？

　ここまで、就職採用場面での「適性心理検査」という観点から［内田クレペリン検査］について説明してきました。選考の場面では作業量や定型－非定型を採用判断の材料としているのも事実です。ただ、**ここで思いだしていただきたいのは［内田クレペリン検査］は、そもそも心理テストであるということです。心理テストの目的は人に優劣をつけることではありません。使用される場面で目的はさまざまかもしれませんが、そこには目の前の人物像を把握することで受検者の理解を進めていくということが必ず含まれます。**

　その意味で［内田クレペリン検査］を自宅受検する意義を改めて見直すと、「自分を客観的に見つめ直す」こと、つまり「自己理解を進めること」にあります。これまで見てきたように［内田クレペリン検査］はなにかの質問に答えることで心理状態や性格を明らかにしてくものとは異なります。

　つまり、現実の自分とは違うけれども、こうありたい自分という観点から回答する余地がない検査、言い換えるならば**「素の自分」が浮かび上がる検査**ということになります。

　そこには自分で分かっていた部分もあれば、まったく意識してこなかった部分も含まれてくるでしょう。また、こうありたいという自分と一致する部分もあれば、理想とは異なる姿が浮かび上がることもあるかもしれません。

　その上で、**［内田クレペリン検査］の結果から自分で自分に優劣をつけるのではなく、「こんな一面をもった自分」を理解して、そんな自分を受け入れて、自分の「持ち味」として活かしていくのが［内田クレペリン検査］の結果の活かし方と言えます。**

　このように［内田クレペリン検査］の結果から、伸ばしたいところを伸ばし、気をつけたいところを気をつけることで、自分の「特徴」を「特長」として活かしていくことができれば、就職採用の場面でも、自己アピールのポイントとしても利用することができるでしょう。

［内田クレペリン検査］自宅受検の仕方

● 検査は1人では受けられません。

［内田クレペリン検査］は、1行の足し算作業に割り当てられている時間は1分間で、時間がきたら直ちに次の行に移らなければなりません。この時間が正確でなければ検査結果は正確さを欠き、判定はまったく意味のないものになってしまいます。時間を計るのは受検者本人にはできませんので、必ず家族や友人に監督者になってもらう必要があります。

● 監督者の指示に必ず従ってください。

監督者は、ストップウォッチ（もしくは秒針のついた時計）で時間を計りながら、検査を「検査実施要領」に従って円滑に進めますので、受検者は監督者の指示を必ず守る必要があります。監督者の指示に少しでも従わなければ、正確な検査結果は得られません。

● 監督者は検査実施要領（P.115〜P.117）に従って検査を実施してください。

「検査実施要領」は、検査を正確に実施するために、採用試験本番の実施要領とほとんど同じに作られています（一部は自宅受検用に変えています）。

監督者は検査実施前に一度「検査実施要領」をよく読んでおき、検査を実施するときに再度読みながら、検査を円滑に、かつ正確に進めなければなりません。検査の手順に不手際があると正しい判定が得られませんので、注意してください。受検者はとくに「検査実施要領」を読む必要はありません。

● 検査結果を自己判定することは危険です。

本書には、検査結果がどのように判定されるかを説明するために判定実例を数多く掲載していますが、これでも［内田クレペリン検査］の専門機関である株式会社 日本・精神技術研究所に蓄積されている膨大な判定データのほんの一部にしかすぎません。正確・精密な判定を得るためには、豊富な知識と経験をもった専門機関にまかせるほかありません。

自分自身を知る大切な検査ですので、くれぐれも自己判定で自分勝手な解釈をおこなわないでください。株式会社 日本・精神技術研究所に判定を依頼する方法はP.119を参照してください。

▶ 用意するもの　受検者　HB程度の鉛筆2〜3本。
　　　　　　　　監督者　ストップウォッチ（用意できなければ時計で代用）。
　　　　　　　　検査用紙は巻末に綴じ込まれている。

- ▶検査時間　　検査実施には、説明・練習時間を含め1時間程度とっておく。深夜、早朝、寝起き、食後、活動直後などは避け、心身ともに落ち着いた状態のときに検査を実施する。
- ▶検査場所　　騒音が多い場所や、人の出入りがある部屋などは避け、なるべく静かで集中して検査が受けられ、かつ明るいところを選ぶ。
- ▶その他　　　検査を実施する机の上には、鉛筆以外のものは置かない。受検者・監督者は、検査途中で席を外すことがないように備えておく（とくにトイレなど）。

●検査のタイム・スケジュール

練習2分 ─ 検査・前期15分 ─ 休憩5分 ─ 検査・後期15分
　　　　　　1分ごとに行替え　　　　　　　　1分ごとに行替え

監督者は　▶「実行項目」に従って検査を実施します。
　　　　　▶「口頭説明」の内容を受検者に伝えながら、検査を進行します。
　　　　　▶「特記」事項に注意します。

●検査を中止する特別な場合

❶ 検査は、「実行項目」に従って厳正に進めなければなりません。進行の仕方をいい加減にすると、せっかく受検しても正確な判定がでないばかりか、誤った判定に惑わされることになります。

　もし、検査途中でやり方や進行時間を間違えたことに気づいたら、検査はそこで中止してください。

❷「実行項目」**8・9**にあるように、検査の途中で受検者が行とばしをしたり、1行以上の足し算を行うことがあります。前期・後期の作業時間は15分ずつですが、計算する行はそれぞれ17行と、2行余計にとってあります。前期に行とばしなどで2行以上余計に使うと、前期・後期を分ける仕切り線を越えてしまいます。この場合、「実行項目」**9**にあるように、一応前期の作業だけは最後まで終えて、休憩時間で検査を中止してください。本書には検査用紙は1枚しか綴じ込まれていませんので、検査の続行は不可能となります。

　　　　　　それでは、監督者は検査実施の準備を始めてください。

　監督者は、次頁からの「検査実施要領」をよく読んで検査の進行の仕方を把握したら、本書の巻末に綴じ込んである内田クレペリン用紙（試用版）を切り取り線に沿って切り放してください。

　まだ、受検者には検査用紙を配りません。

　これから、次頁の「実行項目」**1**に移ります。

検査実施要領

実行項目	口頭説明	特記
1 検査用紙の配布	まず、検査用紙を配りますが、そのままめくらずに待ってください。	用紙は必ず裏にして配布する。
2 受検者への注意	それでは、これから内田クレペリン検査をおこないます。検査用紙はまだ裏にしたままで、しばらくお聞きください。これからは、私の説明と号令に従ってください。	
3 「レンシュウ」欄の確認	では、やり方を説明しますので、検査用紙を表にして、「レンシュウ」とカタカナで書いてあるところを左上にしてください。名前などは後で書きます。	名前を書かさないようにする。
4 練習の説明 （第1行目）	まず、練習欄を見てください。練習欄の第1行目を読んでみますと、7、9、4、6、3、8といった順序で数字が並んでいます。計算のやり方は、隣り合った2つの数字を順に足して、その答えを2つの数字の間に書いていきます。	
足し算の答えの書き方の説明	練習欄の例題に従って説明しますと、最初は7と9です。7足す9は16ですが、記入する答えは、16の6だけです。つまり、下1桁、1の位の数だけです。練習欄の例のように、7と9の間に答えを書いてください。 次は9と4で13ですから、答えは3となっています。次は4と6です。4足す6は10になります。10の場合も1の位が0ですので、0と書いてあります。次は6と3で9です。10の位がなく、答えは1桁ですので、そのまま9とだけ書いてあります。次は3と8で11ですから、1と書いてあります。	
答えを間違えたときの処理の説明	以上のようなやり方で足し算を続けるわけですが、もし答えを書き間違えたら、すばやく訂正してください。訂正するときは消しゴムを使わずに、斜め線を引いて、そばに正しい答えを書き直します。	下の訂正の例を見せる。 （例） 3 ✂ 1 8
5 練習の実施 （第1行目）	それでは、計算のやり方と答えの書き方を練習します。今説明した続きの8足す6からです。 　　**では、鉛筆をもって。** 　　**用意、始め。** （20秒ほど経過したところで、計算をやらせながら） 1行全部終わったら、鉛筆を置いて待っていてください。 （40秒目に） 　　**はい、やめて。鉛筆を置いて。**	40秒間計算をさせる。「始め」の号令と同時にストップウォッチを押す。号令は、はっきりと。 40秒たったところで号令をかけ、ストップウォッチを止め、針を元に戻しておく。

実行項目	口頭説明	特記
6 練習の説明 （第2行目以後） 行替えの説明	では、次の説明に移ります。今のようにやっていると、「はい、次」という号令がかかります。「はい、次」という号令がかかったら、その行はそこでやめて、すばやく次の行の左端に移ってください。 そしてまた、足し算を続けます。 しばらくすると、また、「はい、次」という号令がかかります。要するに、「はい、次」の号令で、下の行、下の行へと移っていけばよいわけです。	
7 練習の実行 （第2行目以後）	それではまた、少し練習をしてみましょう。練習欄の第2行目からです。 　　鉛筆をもって。 　　用意、始め。 （……20秒ごとに「はい、次」を3回繰り返す） （80秒後――4回目に） 　　はい、やめて。鉛筆を置いて。	「始め」の号令と同時にストップウォッチを押す。ストップウォッチは動かしたままにしておき、20秒経過するごとに「はい、次」の号令をかける。20秒ずつ4行やらせる。4回目（80秒を経過するところ）で、「はい、やめて」の号令をかけ、ストップウォッチを止め、針を元に戻す。
8 行とばしのときの注意	ここで、もう少し注意があります。それは、行をとばしたときの注意です。たとえば、第1行目から第2行目に移らなければならないとき、第3行目に移ってしまったという場合です。この場合、もし途中で行をとばしたことに気がついても、かまわずやり続けてください。とばした行は、そのままにしておいて、下へ下へと移ってください。	
9 1行オーバーしたときの注意	ここで、もうひとつ注意があります。号令に従って、今のように足し算を続けるわけですが、もし用紙の一番右端までやってしまっても、「はい、次」の号令がかからないときは、自分でただちに次の行へ移ってください。そして、号令がかかった時点で、また行を替えてください。 検査用紙を見ると、中央に仕切り線があります。行とばしを多くやったり、足し算を1行以上やったりすると、中央の仕切り線をこえてしまうことがあります。そのときは、かまわず仕切り線をこえて、下の段に移ってください。	
10 検査前の準備 （サキの段）	それでは、検査に入りますので、態勢を整えてください。まだ鉛筆はもたないで、検査用紙の右下を見てください。サキの表示の矢印があります。検査はそこから始まります。それでは、用紙をぐるっと回してください。サキの表示の矢印があるところが、左上にくるようにしてください。	検査の出だしは、きわめて重要なので、用紙を正しく置き直したかどうかを確認する

実行項目	口頭説明	特記
11 検査の実施 （サキの段） －15分間－	これから検査に入ります。練習と同じ要領で熱心にやってください。 　　では、鉛筆をもって。 　　用意、始め。 （……60秒ごとに「はい、次」を14回繰り返す） （15分後――15回目に） 　　はい、やめて。鉛筆を置いて。 　　用紙を裏にして。	「始め」の号令と同時にストップウォッチを押す。ストップウォッチは動かしたままにしておき、60秒経過するごとに「はい、次」の号令をかける。15回目（15分を経過するところ）で「はい、やめて」の号令をかけるが、ストップウォッチは止めない。
12 休憩 －5分間－	ここで、しばらく休憩です。そのまま静かに休んでください。 注意　中央の仕切り線をこえてアトの段に入った人は、 　　　ここで検査は終了です。	休憩中は、静かにリラックスさせる。
13 検査前の準備 （アトの段）	（休憩後、4分ほど経過したところで） 用紙はまだ裏のままで、聞いてください。 今度始めるところは、仕切り線の下、アトの矢印のところからです。仕切り線の上の余っている行は、そのまま残しておきます。 それでは、もうしばらく同じような検査が続きますので、背伸びなど適当な準備運動をしてください。 （10秒ほど間をおいて） では、用紙を表にしてください。 鉛筆は、まだもたないで。 アトの表示の矢印のあるところが、左にくるようにしてください。	左のようにいいながら、ストップウォッチを止めて、針を元に戻す。休憩の5分は、多少のびてもかまわない。5分を守るあまり、休憩後第1行目（1分目）を、あわててスタートさせたりしないように注意する。
14 検査の実施 （アトの段） －15分間－ 検査の終了	今度は、アトの表示の矢印のあるところからやります。前と同じ要領で、熱心にやってください。 　　では、鉛筆をもって。 　　用意、始め。 （……60秒ごとに「はい、次」を14回繰り返す） （15分後――15回目に） 　　はい、やめて。鉛筆を置いて。 これで、検査を終了します。	休憩後第1行目（1分目）は、検査全体を通して最も大事なところである。受検者の態勢が整うのを確認する。「始め」の号令と同時にストップウォッチを押す。ストップウォッチは動かしたままにしておき、60秒経過するごとに「はい、次」の号令をかける。 15回目（15分を経過するところ）で「はい、やめて」の号令をかける。

検査後の注意

●検査結果に手を加えてはいけません。

　検査を終了した後は、氏名等記入欄に正しく記入したかを確認する他は、検査用紙に答えを追加するなどの行為を絶対におこなってはいけません。検査結果に書き直しや書き足しがおこなわれると、正しい判定ができなくなり、それではこの「自宅受検」の意味がまるでなくなってしまいます。

　本来なら［内田クレペリン検査］は検査会場において監督者のもとで厳密に実施され、検査用紙も終了後ただちに回収されて管理されます。「自宅受検」でも、正しい判定が得られるよう、くれぐれも検査終了後はいっさいの追加記入や訂正をおこなわないでください。

●正式な判定を依頼してください。

　必ずしも「自宅受検」の結果を判定してもらう必要はありませんが、改めて自分自身を見つめ直すよい機会と考え、検査結果を今後に生かそうと考えるなら、次頁の要領で、株式会社 日本・精神技術研究所に判定を依頼してください。

　その際、判定に支障が出ないために、検査用紙を汚したり、破いたりすることがないよう、検査用紙を大切に扱ってください。ただし、検査を途中で終了した場合は判定ができませんので、郵送しないでください。

　しかし、繰り返しになりますが、自己判定をおこなうことは厳に慎んでください。本書を利用しても正確な判定を下すことはできませんし、誤った判定は自分にとって何の役にも立たないばかりか、マイナスになるともいえます。

●判定を依頼する場合、検査用紙に氏名などの必要事項を記入してください。

検査用紙の郵送方法

　検査結果の正式な「判定」を希望する場合は、下記の要領で検査用紙を郵送してください。

- ●宛　　先　　株式会社 日本・精神技術研究所
　　　　　　　内田クレペリン検査　自宅受検判定係
　　　　　　　〒102-0074
　　　　　　　東京都千代田区九段南 2-3-26　井関ビル 2 階

- ●料　　金　　検査用紙 1 枚につき 3,000 円（10％税込み）
　　　　　　　（判定は、宅配便で返送します）
- ●郵送方法　　現金書留封筒に、検査用紙と現金 3,000 円を入れ、上記宛先まで郵送してください。

- ●返送期間　　「判定」は、検査用紙が到着後、約 2 週間で返送されます。
　　　　　　　なお、検査結果の判定についてのご質問・お問い合わせは、下記までお願いします。

　　　　　　　株式会社 日本・精神技術研究所
　　　　　　　〒102-0074
　　　　　　　東京都千代田区九段南 2-3-26　井関ビル 2 階
　　　　　　　TEL　03-3234-2961

〔内田クレペリン検査用紙（試用版）の複写・複製禁止〕
　内田クレペリン検査検査用紙の複写・複製は、法律により禁止されています。決しておこなわないでください。
　また、第三者の販売や転売を固くお断りいたします。転売品・非正規取引先でご購入された場合は、製品とその他サービスに関する品質について、一切の責任を負いかねますので、あらかじめご了承ください。

内田クレペリン検査 完全理解マニュアル 新版
2024年11月30日　初版第1刷発行

監　修	株式会社 日本・精神技術研究所
発行者	佐藤　秀
発行所	株式会社つちや書店
	〒113-0023　東京都文京区向丘1-8-13
	TEL 03-3816-2071　FAX 03-3816-2072
	HP http://tsuchiyashoten.co.jp/
	E-mail info@tsuchiyashoten.co.jp

印刷・製本　日経印刷株式会社

ISBN978-4-8069-1867-7
©Nisseiken, 2024 printed in japan

落丁・乱丁は当社にてお取り替え致します。

本書内容の一部あるいはすべてを許可なく複製（コピー）したり、スキャンおよびデジタル化等のデータファイル化することは、著作権上での例外を除いて禁じられています。また、本書を代行業者等の第三者に依頼して電子データ化・電子書籍化することは、たとえ個人や家庭内の利用であっても、一切認められませんのでご留意ください。この本に関するお問い合わせは、書名・氏名・連絡先を明記のうえ、上記FAXまたはメールアドレスへお寄せください。なお、電話でのご質問はご遠慮くださいませ。また、ご質問内容につきましては「本書の正誤に関するお問い合わせのみ」とさせていただきます。あらかじめご了承ください。